성적의 차이를 만드는 질문독서법

독서로 성공하는 공부전략

성적의 차이를 만드는 질문 독서법

권경옥 지음

피톤치드

저도 독서가 아이들의 성적에 이 정도로
영향을 미칠지 몰랐습니다

독서 지도를 처음 시작하던 27년 전만 해도 독서가 아이들의 성적 향상에 그렇게 직접적으로 영향을 미치게 될 줄 잘 몰랐습니다. 저도 처음에는 독서 습관을 잘 키우면, 공부하는 힘이 향상되니까 독서가 공부의 기초가 된다는 정도로만 생각했습니다. 하지만 시간이 지날수록 아이들의 독서 실력이 성적으로 연결되는 많은 사례를 경험하게 되면서 독서가 왜 중요한지를 더 깊이 체감하게 되었습니다.

그래서 이 이야기를 아이들의 독서 실력을 향상시키고자 하는 부모님은 물론, 특히 아이들의 독서 시간을 아까워하는 부모님에게 꼭 전하고 싶었습니다. 부모님들은 독서가 성적 향상과도 밀접한 관계를 가진다고 하면 아이의 독서 시간을 중요하게 생각하지만, 그저 공부하는 힘을 키우는 데 약간 도움이 되는 정도라고만 생각하는 경우, 독서 시간을 우선순위에서 미뤄 두는 경우가 많기 때문입니다. 특히 학년이 올라갈수록 독서는 우선순위에서 점점 더 밀려납니다.

그러면 독서를 하면 정말 성적이 오르냐고, 그게 눈에 보일 정도로 효과가 있냐고 묻는다면 저는 '그렇다'라고 자신 있게 답할 수 있습니다. 적어도 27년 넘게 독서 지도를 하면서 제가 경험한 아이들의 사례에서는 그렇습니다. 물론 상황에 따라서 편차는 있습니다. 1년을 공부했을 때와 2년을 공부했을 때의 효과와 변화가 아이마다 다르고, 독서 수업에 집중할 수 있도록 부모가 얼마나 지원했는가에 따라서도 차이가 납니다.

한편으로는 독서 수업을 하는 동안 아이가 성장하는 모습을 과소평가하는 경우도 있습니다. 열 가지 변화가 있어도, 부모가 원하는 한 가지가 기대에 미치지 못하면 그다지 효과가 없다고 생각하기도 합니다.

이런 여러 가지 변수와 상황들 속에서도 제가 참 많이 들은 말 중에 하나가 독서 수업을 하는 시간이 어느 정도 지나면, '기대하지 않았는데 큰 도움이 되었다'입니다. 많은 학부모들이 아이의 독서가 학교 공부와 직접적으로 연결될 거라는 기대를 하지 않는다는 이야기입니다.

'나도 아이에게 독서를 많이 시켰지만 학교 공부하고 상관이 없더라' 하는 이야기를 하고 싶은 분들도 많을 거라고 생각합니다. 실제로 어려서부터 많은 책을 읽었다고 하는 아이들도 만납니다. 그런데 막상 책을 읽혀 보면 책을 '읽는 게' 아니라 '보고 있는' 경우가 많습니다. 이 둘의 차이는 앞으로 자세히 설명할 것입니다. 그런데 이 경우, 이미 책을 충분히 많이 읽었다고 생각하기 때문에 더 읽고자 하는 흥미나 의지가 떨어진 아이들이 많습니다. 부모님들은 '한때 책을 좋아하던 아이들이 왜 그럴까?' 하면서도, '많이 읽었으니 이제 공부가 더 중요하지'라고 생각하며 넘어가는 경우가 많습니다.

이렇게 아이들은 충분히 책을 보았다고 생각하고, 당장 책보다 중요한 공부가 많으니 책과는 점점 멀어집니다. 그런데 이렇게 되면 공부는 많이 하는데 생각하는 힘은 자꾸 떨어집니다. 따라서 공부를 하는 데에 비해 성적도 나오지 않고, 많은 문제를 풀어도 좀처럼 실력이 오르지 않습니다.

그래서 제대로 된 독서법이 필요합니다. 책에 집중하고 기억하고 사고하는 '질문독서'를 해야 독서 수준이 올라가고 효율적으로 공부할 수 있습니다. 책을 집중해서 읽으며 기억하고, 질문을 던지며 사고력을 높여야 합니다. 책을 읽기 전에도, 읽은 후에도, 글을 쓸 때도 질문하고 또 질문해야 합니다. 집중하면 기억할 수 있고, 기억하면 사고하고 질문할 수 있습니다. 질문을 던지고 답을 찾고 반론하는 과정을 통해 비판적이고 창의적으로 사고하는 능력이 높아집니다.

이렇게 독서 수준을 높이면 공부도 주도적으로 잘할 수 있게 됩니다. 질문독서로 집중력, 기억력, 사고력이 올라가면 세 시간 걸리던 공부를 한 시간으로 줄일 수 있습니다. 교과서도 쉽고 재미있어집니다. 문제를 많이 풀지 않고 교과서 중심으로 공부해도 점수가 잘 나옵니다.

지금까지 제가 한 이야기에 동의해서 독서를 공부처럼 중요하게 생각하는 부모님이라면 또 이런 한탄을 하실지도 모르겠습니다. '세상에 아이들의 흥미를 끄는 것들이 넘쳐나는 이 디지털 시대에, 인터넷과 잠시도 연결되어 있지 않으면 불안해지는 아이들에게 책을 읽힌다는 게 과연 가능하기는 한 일일까?' 라고 말입니다.

저의 경험으로는 부모의 의지가 있으면 가능하다고 믿습니다. 디지털 환경이 아이들의 독서를 방해하고 있지만, 오히려 그래서 더 중요해졌습니다. 디지털 환경은 주의집중력을 떨어지게 만드는데, 어려워지는 공부를 감당하려면 주의집중력은 더욱 많이 필요하기 때문입니다.

더구나 AI 시대는 직업을 선택하는 것이 아니라 만들어내는 능력이 필요합니다. 배움을 주도하며 실력을 키워갈 수 있어야 합니다. 집중하고 기억하며 비판적으로 사고할 수 있어야 합니다. 배움을 성취하는 능력은 인공지능 시대를 넘어 미래를 열어가는 힘이 됩니다.

그동안 현장에서 학부모들을 만나면서 들은 고민들은 대개 비슷합니다. 어떻게 해야 아이들의 독서 수준을 높일 수 있을지, 책을 읽었는데 왜 이해하지 못하는지, 책을 읽으면서도 왜 생각을 하지 않는지, 책을 많이 읽었음에도 학업 성적은 왜 오르지 않는지, 그리고 어떻게 독서를 해야 주도적으로 살아갈 수 있을지 고민합니다.

독서 수업 현장에서 겪은 생생한 사례들을 토대로 엮어낸 이 책을 통해, 부모님들이 이러한 고민을 조금이나마 덜어내는 데 도움이 되었으면 하는 바람입니다. 이 책을 통해 독서와 멀어진 아이들은 독서와 한 발 더 가까워지고, 책을 '읽지' 않고 '보는' 아이들은 다시 책을 '읽을' 수 있게 되어, 변화하는 세상을 더 자유롭게 살 수 있는 인재로 성장하는 데 도움이 되기를 바랍니다.

이 책이 나오기까지 많은 분들의 도움이 있었습니다. 독서 교육에 대한 다양한 경험을 쌓을 수 있도록 해준 사단법인 슬로 독서문화 유영호 대표님에게 감사드립니다. 청소년 잡지 편집장으로서의 경험을 바탕으로 코칭과 과학 분야를 넘나드는 집필과 강연으로 바쁜 일정 속에서도 책에 대한 조언을 아끼지 않은 리더십코칭센터 권경숙 대표님에게도 감사를 전합니다.

무엇보다 다소 낯설고 기다림이 필요한 수업임에도 저의 고집을 한결같고 확고한 신념으로 이해하며 믿고 맡겨준 학부모님들, 수업 준비에 최선을 다하고 수업 시간에도 열정을 쏟아 함께해 준 아이들에게 고마움을 전합니다. 마지막으로 정성껏 책으로 만들어 준 피톤치드 출판사에도 감사드립니다.

차례

서문 4

부모가 잘 모르는 아이들의 책 읽기에 대한 진실
: 우리 아이들의 독서 실력 현주소

2장

이제는 엄마가 뒤집어야 할 독서 상식

: 학부모가 꼭 알아야 할 독서 기본 원칙

3장

아이에게 진짜 힘이 되는 독서 방법

: AI 시대, 아이들의 실력을 높이는 질문독서법

질문독서를 통한 성적 향상 사례

: 독서 수업을 통한 아이들의 다양한 변화

1장
부모가 잘 모르는
아이들의 책 읽기에
대한 진실

: 우리 아이들의 독서 실력 현주소

이해는 하는데
왜 기억은 못할까?

중학교 3학년인 승우는 독서 수업에서 자신이 즐겨 읽는 작가의 책으로 발표하는데, "딱히 뭐 기억나는 게 없는데"라고 하면서 머뭇거리더니, 이야기를 하다가 멈추기를 반복하며 문장을 매듭짓지 못했습니다. "머릿속에 떠도는 건 많은데 기억이 안 난다"고 합니다.

왜 이런 일이 생기는 걸까요? 승우는 학업 성적도 우수하고 책 읽는 것도 좋아합니다. 과학과 철학 서적 그리고 소설까지 다양한 장르의 책을 읽으며, 특히 베르나르 베르베르나 쥘 베른의 작품을 좋아합니다. 독서 수업에서 승우가 발표한 책이 바로 쥘 베른의 소설이었지요.

많은 아이들처럼 승우도 책의 내용을 대략적으로 파악하기만 하면 충분히 이해한 것으로 생각하고, 기억에는 신경 쓰지 않습니다. 이런 경향은 독서량이나 학습량이 많아도 독서 수준을 진전시키기 어렵게 합니다.

승우의 부모님은 승우가 어렸을 때보다 기억력이 떨어진 것 같다고 우려합니다. 역사를 예로 들면 승우는 전반적인 흐름은 이해하지만 세부 사건에 대해서는 잘 기억하지 못합니다. 부모님은 승우가 자신이 기억하고 싶은 정보만 선택적으로 기억한다고 합니다. 또한 승우가 모르는 내용에 대해 스스로 찾아보려는 노력을 하지 않는다고 걱정합니다.

독서나 학습에서 기억보다는 이해에 중점을 두고는 합니다. 그러나 이해라는 개념은 주관적이며 그 기준도 모호합니다. 어른들이 기대하는 이해의 수준과 아이들이 이해했다고 느끼는 수준은 서로 다릅니다. 아이들은 자신이 이해했다고 '느끼면' 그것이 곧 이해한 것이 됩니다.

승우 역시 책을 읽고 이해한 것 같은 느낌을 받았습니다. 머릿속에 '떠도는 게 많은 것' 같긴 한데 기억을 끄집어 내려니 '딱히' 잡히는 것은 없습니다. 이렇게 기억을 제대로 하지 못하면 사고력도 약해지는 상황에 이르게 됩니다.

부모님은 승우가 유연한 사고를 하지 못하고 자신만의 생각에 갇혀 있다고 합니다. 현재는 성적이 우수하지만, 어릴 때에 비해 기억력이 감소하고 생각의 깊이가 얕아진 것을 보며 고등학교에 진학해서도 성적을 유지할 수 있을지 걱정합니다.

승우 자신도 예전에 비해 기억력이 떨어졌다는 것을 인정합니다. 학년이 올라갈수록 학습량은 증가하는 데 반해, 기억력은 적극적으로 노력하지 않으면 감소합니다. 기억하고 있는 지식이 늘지 않으면 학습은 어려워집니다. 공부를 많이 하는데도 기억을 떠올릴 수 없으니, 생각도 하지 못하고 이해도 할 수 없는 상황에 직면하게 됩니다.

뇌과학을 연구한 박문호 박사는 기존의 기억이 없다면 새롭게 학습한 내용을 연결할 고리가 없어 결국 잊히게 된다고 합니다. 기억은 생각의 대상이 되어 다른 지식과 연결되며, 기억이 되어 있지 않으면 이해에 이를 수 없습니다. 기억이 많을수록 독특하고 창의적이고 다양한 방식으로 생각을 결합할 수 있게 됩니다.

책을 읽고서도 기억하지 못한다면, 내용을 분석하거나 의미를 파악할 수 없습니다. 학습한 내용을 기억하지 못하면, 핵심을 파악하기 어렵습니다. 이해한 것 같아도 기억하지 못하면, 더 높은 수준의 독서나 다음 단계의 학습이 어려워집니다.

기억하기보다 이해하는 것에 중점을 두게 되면, 기억하지 못하더라도 이해했다고 생각하게 됩니다. '알 것 같다'는 느낌만으로 이해되지 않습니다. 정말로 이해했다면 알게 된 것이 무엇인지 기억해낼 수 있어야 합니다.

기억을 가지고 있어야 이해할 수 있습니다. 기억이 많을수록 새로운 내용을 더 잘 이해할 수 있고, 기억이 있어야 끄집어 내어 생각할 수 있습니다. 기억과 기억의 다양한 연결은 유연하고 창의적인 사고로 이어집니다.

요즘 아이들은 책도 많이 읽고 공부도 많이 하고 지식이나 정보도 다양하게 접하지만, 기억력이나 사고력은 점점 더 약해지고 있습니다. 아이들의 능력이 약해진 것은 학습에서 기억보다 이해를 중시하는 분위기 때문만은 아닙니다. 수준보다 높은 책 읽기, 과도한 학습, 디지털 환경으로의 변화도 중요한 요인입니다.

어려운 책을 읽어도
사고력이 향상되지 않는 이유

초등학교 6학년인 수현이는 어려운 역사나 과학책도 주어지기만 하면 다 읽는다고 합니다. 그런데 수현이는 단순히 책을 보는 것에 그치며, 깊은 생각이나 고민을 하지 않습니다. 책을 읽고 글을 쓸 때, 사건이 일어난 상황을 분석하거나 이해하려는 노력을 하지 않습니다.

부모님들은 아이들이 다양한 분야의 책을 읽음으로써 지식이 넓어지고 사고력이 향상되기를 바랍니다. 그러나 때때로 아이들의 독서 수준을 고려하지 않고, 어떤 책이든 읽을 수 있을 것이라고 기대합니다. 단순히 책을 많이 읽는 것만으로 지식과 능력이 쌓일 것이라고 생각하는 것이죠.

교과 공부에 있어서 부모들은 아이의 수준보다 높은 내용을 공부하게 하려고 합니다. 이는 책 읽기에서도 어려운 작품을 읽히게 하려는 경향으로 이어집니다. 하지만 과도하게 어려운 공부는 집중을 방해하고, 책 역시 너무 어려우면 독서에 집중하기 어렵습니다. 너무 어려워서 이해할 수 없으면 생각할 엄두가 나지 않고 결국 책을 다 읽어도 아무것도 남지 않게 됩니다.

자신의 수준보다 어려운 책을 읽는 것은 힘들 뿐만 아니라, 읽었다고 해도 그 의미를 파악하지 못하는 경우가 많습니다. 그런데도 부모님들은 아이들이 어려운 책을 읽더라도 주제와 내용을 설명해 주면 실력이 향상될 수 있을 것이라고 생각합니다. 하지만 아이들이 설명을 듣고 이해하는 것처럼 보여도 진정으로 이해했는지는 확신할 수 없습니다. 다음에 책을 읽을 때도 스스로 판단하고 이해하려는 노력 없이 해석에 의존하게 됩니다. 이렇게 되면 책을 제대로 읽지 않게 되고 결국 제대로 생각하지 못하게 됩니다.

아이들이 어려운 책을 읽을 때, 독서 수준이 높은 것처럼 보일 수 있습니다. 책의 일부분만 이해해도 마치 많은 지식을 갖춘 것처럼 보입니다. 이러한 경험을 통해 아이들 스스로도 자신의 독서 수준이 상당하다고 느끼게 됩니다.

하지만 책의 난이도와 독자의 실제 수준이 항상 일치하지는 않습니다. 아이들이 읽고 있는 책의 난이도로 독서 수준을 가늠할 수 없습니다. 어려운 책을 선택했다 하더라도 그 내용을 제대로 파악하고 있는지는 또 다른 문제입니다. 어려운 책은 주의 깊게 읽는 것이 힘듭니다. 그러다 보면 책의 난이도와 관계 없이 대충 읽는 습관이 생기고, 깊이 있는 사고를 하지 못하게 됩니다.

그러면 어떻게 해야 아이의 독서 수준을 향상시킬 수 있을까요? 난이도가 있는 책을 읽기 전에, 책을 읽는 독자의 기준을 높여야 합니다. 쉬운 책도 수준 높게 읽을 수 있어야 하지요. 단순히 내용을 파악하기 위한 읽기나 설명을 듣기 위한 읽기가 아니라, 스스로 배우려는 목적으로 읽어야 합니다. 책을 읽고, 그 내용을 기억하며, 그에 대해 생각하는 과정을 통해 스스로 배움을 얻을 수 있습니다. 이런 과정은 수동적인 태도가 아닌 적극적인 태도에서 시작됩니다.

단순히 어려운 책을 대충 보거나 설명을 듣는 것보다, 자기 수준에 맞는 책을 읽고 스스로 기억해 내고 생각하는 것이 더 어렵습니다. 하지만 그렇게 해야 사고력을 키울 수 있습니다.

스스로 배우고자 하는 적극적인 독서를 통해 실제 독서 수준을 향상시킬 수 있습니다. 자기 수준의 책으로 먼저 독서 실력을 키워야 어려운 책도 순조롭게 읽어낼 수 있게 됩니다.

독서량은 많은데
왜 독해력이 부족할까?

초등학교 5학년인 지후는 책을 좋아하고 많이 읽습니다. 독서 수업에서 다루는 책들도 좋아하는데, 책의 내용을 잘 이해하지는 못합니다. 인물의 성격을 파악할 때, 전반적인 상황에서 성격을 분석하거나 근거를 제시하지 못하고 부분적인 상황만을 가지고 판단합니다.

아이들은 책의 내용을 그대로 받아들이기보다는 자신의 방식대로 단순화하여 해석하곤 합니다. 책을 깊이 읽고 그에 대해 충분히 생각하는 과정이 독해에 필수적임에도 대충 읽고 가볍게 생각하는 데 그칩니다.

아이들은 인물의 성격을 파악할 때, 깊은 생각이나 고민 없이 해당 인물과 관련 없는 여러 성격을 나열하는 경우가 많습니다. 아이들에게 각 성격에 대한 근거를 제시하라고 하면, 그 이유를 찾지 못하고 그때서야 인물에 대해 고민하기 시작합니다. 또한 책의 초반부에서 인물의 성격을 단정 짓습니다. 이야기의 본격적인 전개에 앞서 서둘러 판단을 내리며 마치 정답을 찾은 것처럼 행동합니다.

반면 독해력이 높은 아이들은 전체적인 상황에서 인물의 행동을 면밀히 관찰합니다. 갈등에 직면한 상황에서 문제를 해결해 나가는 과정이나, 이야기가 진행됨에 따라 성장하는 인물의 모습을 통해 성격을 해석합니다. 단순한 시각이 아닌 입체적인 관점에서 인물의 성격을 판단하며, 그 근거를 구체적인 사건이나 장면을 통해 명확하게 제시합니다.

5학년인 지후는 성격을 단순화하여 판단하고, 근거를 명확히 제시하지 못합니다. 예를 들면 인물이 '화를 잘 내는 성격'이라고 서술하고, 그 이유를 '책에 그렇게 나온다'라고 제시합니다. 구체적인 예를 요구해도 '어느 페이지에 나온다'고 하는 식입니다.

수업이 진행됨에 따라 때로는 인물의 성격에 대해 고민하며 파악하기도 하지만, 다음 수업이 되면 또다시 예전의 방식으로 돌아가는 모습을 보입니다. 전체적인 상황이나 구체적인 장면을 고려하기보다는 책의 어느 부분에서 정답을 찾는 듯한 태도를 보이는 것입니다.

지후는 국어를 비롯한 대부분의 과목을 문제를 푸는 방식으로 공부합니다. 공부할 내용이 쌓였을 때는 문제들을 한꺼번에 몰아서 풉니다. 읽고 생각하지 않고 감에 의존하여 답을 찾는 것이지요. 이런 방식으로 공부하다 보면 충분히 알지 못한 채 정답을 맞히는 것에만 익숙해집니다. 실제로는 제대로 이해하지 못했음에도 이해한 것처럼 느끼게 됩니다. 정답을 찾는 것만이 공부의 목표가 되면 심층적인 이해나 독해는 어려워집니다.

책을 집중해서 읽고 자신의 생각을 깊이 있게 표현하는 것이 중요합니다. 일련의 과정을 건너뛰고 단순히 정답을 찾는 방식으로 접근한다면 진정한 학습이 이루어질 수 없습니다. 단순히 '보는' 것이 아니라 '읽고' 그리고 '생각'하는 과정을 거쳐야 합니다. 독서든 공부든 읽고 생각하려는 노력이 독해력을 키우는 데 필수적입니다.

디지털 시대, 정보가 늘어날수록
저장하지 않는다

초등학교 4학년인 강현이는 책을 많이 읽고 위인전도 시리즈로 읽었다고 합니다. 그런데 위인전에 나오는 인물의 이름을 기억하지 못합니다. 6학년인 성민이는 공부를 많이 한다고 하는데, 역사책에 나오는 나라 이름을 제대로 기억하지 못합니다.

아이들은 책을 읽고도 제목이나 주요 인물, 지명 등을 잘 기억하지 못합니다. 4학년인 강현이는 인물의 이름이 들어가는 위인전의 제목에서 '조선의 화가'까지 떠올리고는, 그 다음에 나와야 할 인물의 이름이 생각나지 않아 저를 보면서 "뭐죠?"라고 도리어 물었습니다. 그 화가에 대한 책 한 권을 읽었는데도 막상 그 화가의 이름이 생각나지 않았던 것입니다.

부모님들은 아이들이 위인전을 시리즈로 읽으면 위인들과 그들이 한 업적을 기억할 거라고 기대하지만, 막상 아이들은 어떤 인물이 무슨 업적을 이루었는지 잘 기억하지 못합니다.

6학년인 성민이는 역사책을 읽고 나서 '당나라'를 '박나라'로, '황룡사'를 '황령사'로 잘못 기억했습니다. 또한 '청나라로부터 배우자고 주장한 북학파'를 '청나라로부터 내려온 사람들'이라고 바꾸기도 했지요.

아이들은 어설프게 기억하는 것만으로 자신들이 이해했다고 생각하지만, 의미를 왜곡한 것을 진정한 이해라고 하기는 어렵습니다. 스치듯 지나가며 잘못 이해한 정보들이 서로 섞여 혼란을 야기하게 됩니다.

이러한 현상은 아이들이 읽은 정보를 자신의 머릿속에 저장하려는 노력이 부족하기 때문입니다. 디지털 시대 아이들은 정보를 자신의 지식으로 저장하는 것보다, 필요할 때마다 외부에서 쉽게 찾아올 수 있다고 생각합니다.

인지신경학자 매리언 울프는 소크라테스가 문자의 사용으로 인한 기억력 약화를 우려했던 것처럼, 지금의 아이들이 구글이나 페이스북 같은 외부 지식에 의존하면 내면적 지식이 줄어들 것이라고 합니다. 이러한 의존성은 이미 알고 있는 것과 새롭게 접하는 정보 간의 연관성을 찾거나 추론하는 능력을 저하시키며, 실제로는 아는 바가 거의 없음에도 많은 것을 알고 있다고 착각하게 만듭니다.

책이나 온라인 검색을 통해 원하는 정보를 언제든지 찾아볼 수 있다는 생각이 기억하려는 노력을 감소시키고, 이는 결국 자신이 알고 있다고 착각하게 만듭니다. 수많은 정보에 둘러싸여 있기 때문에 자신이 많이 아는 것 같은 착각이 들지만, 실제로는 정보를 기억하지 못하거나 정보의 의미를 잘못 이해하는 경우가 많아 지식을 정확하게 습득하지 못합니다.

정보를 제대로 알기 위해서는 자신이 무엇을 모르는지 인식하고, 그것을 알기 위해 노력하는 과정이 필요합니다. 책을 읽고도 그 내용을 기억 속에 저장하기 위한 노력을 하지 않으면, 논리적 사고나 판단을 할 기회조차 갖지 못하게 됩니다.

아이들은 많은 책을 읽음으로써 지식이 증가한 것 같은 착각에 빠지지만, 정보는 여전히 책 속에 남겨둔 채 책 속 정보를 자신의 지식으로 내면화하지 못합니다. 정보는 외부가 아닌 자신의 기억 속에 저장되어야만 자신만의 지식이 될 수 있습니다.

'요오드팅크'를 '탱크와 요의드'로 바꿔 읽는 아이들

초등학교 4학년인 민준이는 독서 수업에서 발표할 때, 책에 나오는 단어나 표현을 자신만의 방식으로 바꾸어서 말합니다. 옛이야기에서 '도포를 한 벌 짓는 거야'라는 문장을 '옷 한 포기를 만들고'라고 표현하고, 동화책에서 '설탕 한 포대'는 '설탕 한 포기'로 바꿉니다.

아이들은 책을 대충 보고 자신만의 방식으로 해석하고는 합니다. 공부는 잘하지만 책을 그다지 좋아하지 않는 민준이는 '한 벌'이나 '한 포대'라는 단위를 모두 '한 포기'로 바꾼 것 외에도, 자신에게 낯선 단어를 만나면 그것을 자기만의 새로운 단어로 대체합니다.

옛이야기에서 '뼈도 못 추리기 십상이었지'는 '뼈까지 십실될 것'으로, '비나 긋고 가시오'는 '비를 긋시오'로 바꾸었습니다. 그리고 동화책에 나오는 '길다란 양피지 두루마리'를 자신에게 친숙한 '긴 두루마리 휴지'로 바꾸었습니다. 심지어 일상적으로 사용되는 '진열장'마저 '나열장'이라는 독창적인 단어로 변형시켰습니다.

　책을 좋아하는 아이들도 책의 내용을 잘못 이해하고, 발표할 때 자신만의 방식으로 내용을 전달하기도 합니다. 4학년인 미나는 책 읽기를 즐기고 말로 표현하는 것도 잘한다고 합니다. 책을 읽은 후에 부모님에게 읽은 내용을 들려주는데 자세하게 설명한다고 합니다. 하지만 미나는 책의 내용을 그대로 전달하기보다는 자신만의 방식으로 해석해서 말하지요.

　미나가 책을 읽는 방식은 조금 다릅니다. 미나는 독서 수업에서 '요오드팅크'를 '탱크와 요의드'로, '비단뱀의 길이'를 '해룡의 머리에서 꼬리까지의 길이'로 완전히 다르게 표현했습니다. 또한 '글씨가 지워지는 수정액'을 '마법처럼 사라지는 것'으로 바꾸기도 했습니다. 미나는 책의 내용을 그대로 읽는 것이 아니라, 자신만의 상상으로 읽고 해석하는 것입니다.

　또한 아이들은 발표할 때 책의 내용과 자신의 경험을 구분하지 않고 말하기도 합니다. 4학년인 서호는 '일요일에 할머니가 용돈을 좀 주셨거든'이라는 문장을 '토요일에 이천 원을 벌었어요'라고 바꿨습니다. 서호는 책의 문장을 실제로 겪었던 일로 바꿔 이야기한 것이지요.

아이들은 책을 읽고 표현할 때, 단어를 임의로 바꾸어도 그것이 원래의 내용과 비슷하다고 생각합니다. 하지만 보기에 사소한 단어의 변경이라도 자신만의 방식으로 바꾸기 시작하면, 결국 책의 전체적인 이해에도 영향을 미치게 됩니다. 단어의 변경이 문장의 의미를 바꾸고, 그로 인해 이야기의 해석까지 달라질 수 있기 때문입니다.

책의 내용을 그대로 읽고 기억하려는 노력이 필요합니다. 책에서 펼쳐지는 이야기와, 읽으면서 떠오르는 상상, 그리고 자신의 경험은 명확히 구분하여 기억해야 합니다. 상상력을 발휘하거나 실제 겪은 일을 떠올리는 것도 좋지만, 책의 내용을 정확히 파악하면서 그 위에 상상이나 경험을 더해 가야 합니다. 만약 책의 내용과 자신의 상상이나 경험을 구분하지 못하고 혼동하게 된다면, 결국 완전히 다른 이야기를 만들어내게 될 것입니다.

책의 내용을 그대로 읽고 기억하는 것은 사고력을 키우는 데에도 중요합니다. 내용을 정확히 기억함으로써 깊이 있는 사고를 할 수 있게 되고, 이것이 다시 책을 바탕으로 한 다양한 상상력을 키울 수 있는 기반이 됩니다.

아이들이 책의 내용을 자신만의 방식으로 변형하여 표현할 때, 아이가 평소에 공부를 잘하거나 말을 잘하는 편이라면 그대로 신뢰하게 됩니다. 아이들의 능력 때문에 잘못된 내용을 전달하고 있다는 사실을 간과하기 쉽습니다. 책의 내용을 바꾸어서 유창하게 말하는 것은 표현을 잘하는 것이 아닙니다. 책의 내용을 정확하게 읽고, 그대로 표현하는 것이 중요합니다.

미움을 '사다'를
미움을 '구입하다'로 이해한다고?

초등학교 5학년인 준호는 책을 읽고 아이들과 의견을 나눌 때, 친구가 '주인공이 미움을 사서 왕따를 당했다'라는 표현을 하자 '미움을 사다'라는 말을 이해하지 못해 "미움을 어떻게 사?"라고 물었습니다. 6학년인 원석이는 책을 소개하는 글을 읽고 '태자로 책봉될 큰 그릇임을 보여줄 기회'라는 문장에서 '큰 그릇'을 '신기한 물건'으로 표현했습니다.

준호는 공부는 잘하지만 책을 거의 읽지 않았습니다. 책을 통해 자연스럽게 어휘력을 키울 기회를 놓친 것입니다. 친구가 '주인공이 대담하다'라는 표현을 했을 때는 '대담하다'는 말도 아느냐며 놀랍다는 반응을 보이기도 했습니다. 책을 가까이 하는 5학년이라면 '대담하다' 같은 표현 정도는 익숙할 텐데 준호는 책을 안 읽다 보니 어휘력이 부족했던 것이지요.

준호는 책 읽기에 익숙하지 않고, 집중해서 책을 읽는 능력도 부족합니다. 독서 수업에서 책의 내용을 떠올리며 친구들과 의견을 나누는 과정에서도 '미움을 사다' 같은 책 속 표현을 처음 듣는 것처럼 반응한 것입니다. 이는 준호가 책을 읽을 때 집중하지 못했고, '사다'라는 단어를 물건을 구입하는 의미로만 이해했기 때문입니다. 6학년인 원석이도 글을 대충 읽고 '그릇'의 의미를 도구로만 이해한 것이지요.

준호는 독서 수업 책을 읽다가 모르는 단어가 나오면 부모님에게 자주 여쭈어 본다고 합니다. 부모님은 질문에 답을 해줘야 할지, 아니면 그냥 책을 계속 읽으라고 해야 할지 고민하게 된다고 합니다.

책을 읽는 동안 질문을 하는 것은 대부분 책 내용에 제대로 집중하지 못하기 때문입니다. 책에 몰입하게 되면 단어의 정확한 뜻보다는 이야기가 어떻게 전개될지 더 궁금해지기 마련입니다. 책에 집중하지 못하면 문장의 맥락을 이해하지 못하게 되며 이로 인해 단어의 뜻도 유추하기 어려워집니다.

책에 집중하는 아이들은 모르는 단어를 만나도 바로 질문하지 않습니다. 대신 맥락을 통해 단어의 뜻을 유추하면서 읽어 나갑니다. 단어의 사전적 의미를 알고 있더라도 그 단어가 문장 속에서 가지는 의미는 다를 수 있습니다. 따라서 문장 안에서 단어의 의미를 읽으려는 노력을 해야 합니다.

단어의 뜻을 물어보기 전에 먼저 집중하는 습관을 기르는 것이 중요합니다. 책의 내용이 어렵거나 모르는 단어가 많으면 책장을 넘기기 어려울 수도 있지만, 준호는 독서 수업 책을 쉽고 재미있다고 느낍니다. 그러나 책에 집중하며 그 의미를 파악하려는 노력을 충분히 하지 않는 것입니다.

단순히 단어의 의미를 아는 것만으로 어휘력이 향상되거나 내용을 이해할 수 있는 것이 아닙니다. 단어 하나하나의 뜻을 파고들다 보면 이야기의 전체적인 흐름을 놓칠 수 있습니다. 책을 읽는 도중에 질문을 하면 이야기의 연속성이 끊겨서 내용 파악이 더 어려워집니다.

단어의 의미는 하나로 고정된 것이 아니며, 상황에 따라 달라질 수 있습니다. 바로 설명을 듣고 단어의 뜻을 이해한 것 같아도 다른 상황에서 같은 단어를 만났을 때는 또다시 이해하기 어려울 수 있습니다. 예를 들어 '사다'나 '그릇'의 의미를 처음 배웠다 해도 '미움을 사다'나 '그릇이 큰 사람'이라는 표현에서는 그 뜻을 이해하지 못할 수 있습니다. 따라서 모르는 단어를 만났을 때는 맥락을 통해 의미를 유추하고 기억하려는 노력이 필요합니다. 또한 다른 책에서 그 단어를 다시 접하며 자연스럽게 익숙해지는 과정도 있어야 하지요. 평소의 부모님과의 대화도 어휘력을 키우는 데 중요합니다.

학년이 올라갈수록 읽어야 할 책들의 난이도가 올라가는데, 그 안에는 고급 어휘가 많이 등장합니다. 이때 단어의 뜻을 모른다는 이유로 책장을 넘길 수 없게 된다면 독서는 점점 더 힘들어집니다.

책을 읽을 때는 집중하여 문장 속의 의미를 읽으려고 노력해야 합니다. 맥락을 고려하여 단어의 의미를 파악하고 기억하려는 노력을 통해 책의 내용을 이해하고, 고급 어휘도 자연스럽게 익힐 수 있습니다.

배우지 않고도 잘할 수 있는
전략을 구사하는 아이들

화상으로 독서 수업을 하는데, 초등학교 4학년인 초아가 평소보다 발표를 아주 자세하게 합니다. 초아가 하는 행동을 살펴보니, 기억해서 발표하는 것이 아니라 고개를 숙이고' 책을 읽고 있었습니다. 다른 수업에서는 6학년인 성우가 평소와 다르게 발표를 아주 정확하게 합니다. 성우 역시 고개를 숙이고 책을 한 줄 한 줄 읽고 있었습니다.

화상으로 진행된 독서 수업이 몇 달간 이어지면서 아이들은 기존에 생각하지 못했던 방법을 찾아냈습니다. 대면 수업 방식을 유지하면서 패들렛이나 채팅창 등을 활용해 수업의 집중도를 향상시키려고 노력했지만, 아이들은 이 기회를 이용해 책을 대충 읽고도 발표를 잘할 수 있는 전략을 시도했습니다.

교육가 존 홀트는 학교에서 아이들이 전략을 사용한다고 합니다. 아이들은 이해하지 못해도 정확한 대답을 합니다. 교사의 표정을 읽어 답을 맞추거나, 불분명하게 말하며 정답이라고 인식하게 만들거나, 답을 알고 있는 척 손을 들기도 합니다. 이러한 전략은 두려움, 지루함, 혼란 때문에 나오며 아이들은 자신이 잘하지 못할까 봐 두려워하며 어른들을 실망시키지 않기 위해 이러한 전략을 세웁니다.

초아와 성우도 그들만의 전략이 필요했습니다. 독서 수업에서 아이들은 책을 읽고 기억하기 위해 집중하는 것은 물론, 발표하고 글을 쓸 때도 기억을 떠올리고 생각하기 위해 집중합니다. 그런데 더 이상 집중력을 유지하지 못하고 전략을 세워야 하는 상황이 만들어진 것입니다.

4학년인 초아는 기억을 잘하는 편이지만, 독서 수업을 시작한 지 얼마 되지 않아 발표에 익숙하지 않았습니다. 또한 여러 학원을 다니며 일정을 소화해야 했기 때문에 독서 수업에 집중하는 것이 쉽지 않았습니다. 그럼에도 초아는 잘하려는 마음이 있었습니다. 잘하는 모습을 보여주는 것도 잘하는 것이라고 생각했을 테지요.

6학년인 성우는 화상 수업으로 전환된 무렵 수학 학원을 다니기 시작했습니다. 이와 동시에 영어 학원의 수업과 과제가 증가하면서 독서에 집중하는 것이 어려웠습니다. 학원이 늘어난 것이 부담으로 다가오면서 독서와 발표를 회피하는 전략을 취하게 된 것입니다. 자신의 학습 에너지를 초과하는 요구 사항에 대응하기 위한 방법인 것이지요.

과제에 대한 압박감은 아이들을 전략가로 만듭니다. 공부량이 적을 때는 집중하기 쉽지만, 공부량이 많아질수록 집중할 여유가 줄어들고 이에 따라 전략을 세우게 됩니다. 초아와 성우는 우수한 아이들이지만, 공부량의 증가로 인해 자신들만의 전략을 마련할 수 밖에 없었습니다.

아이들이 전략을 사용하지 않고도 수업에 임할 수 있는 방안을 고민하는 와중에, 수업 방식이 화상에서 대면 수업으로 전환되면서 이전처럼 전략을 사용하는 것이 어려워졌습니다. 학원이 늘어나며 겪었던 어려움이 대면 수업을 통해 점진적으로 개선되었습니다. 그렇다면 아이들이 늘어난 학원 수업에 적응한 것일까요, 아니면 독서 수업에서의 전략을 다른 곳으로 옮겨간 것일까요?

아이들은 분명히 잘할 능력이 있지만, 잘하는 것 자체가 부담스럽습니다. 배우고 싶은 것이 많음에도 배워야 할 것이 더 많아지면서 학습에 대한 열정이 시들해집니다.

어른들은 아이들이 배우고 성장할 수 있는 최적의 환경을 제공하려고 노력합니다. 반면 아이들은 배움 없이도 잘할 수 있는 방법을 찾아갑니다. 이러한 전략은 많은 과제를 해결하기 위한 아이들 나름의 해결책입니다. 단지 잘하는 모습만 보여준다면, 그것으로 어른들을 안심시킬 수 있습니다. 학습해야 할 내용이 증가함에 따라 아이들은 전략적으로 더 능숙해집니다.

많은 과제가 한꺼번에 주어질 때, 아이들은 그 속도를 따라 가지 못합니다. 아무리 최선을 다해 잘하고 싶어도 그러기에는 역부족입니다. 과제가 적절할 때에야 책 읽기 같은 즐거운 활동 조차도 전략적으로 접근하지 않고 즐길 수 있습니다. 과제가 버 겁지 않을 때 비로소 아이들은 전략이 아닌 배움에 익숙해질 수 있습니다.

2장
이제는 엄마가
뒤집어야 할 독서 상식

: 학부모가 꼭 알아야 할 독서 기본 원칙

고학년에게 책을 읽어주면
무슨 일이 생길까?

초등학교 1학년인 동호의 부모님은 다섯 살 때부터 지금까지 책을 읽어주고 있는데, 이제는 독립적으로 스스로 읽기를 바랍니다. 4학년인 유준이 부모님은 아이가 읽어주는 것을 잘 듣기는 하지만, 혼자서는 책을 읽으려 하지 않을까 봐 걱정합니다. 2학년인 단우 부모님은 지금은 단우에게 책을 읽어주지 않지만, 아주 어릴 때는 책을 읽어주었습니다.

많은 부모님들이 읽어주기의 중요성을 인식하고 아이들이 어릴 때부터 책을 읽어줍니다. 하지만 아이들이 학교에 다니기 시작하거나 학년이 올라가면서 읽어주기를 중단하는 경우가 많습니다. 이와 함께 계속해서 읽어주는 것이 좋을지에 대한 고민도 함께 합니다.

아이들이 혼자서는 읽기 어려워하는 책이라 할지라도 읽어주는 것을 들으면 이해도가 올라갑니다. 듣기 능력을 키우면 읽기 능력도 함께 발달하게 되는 것입니다. 결국 듣는 힘이 있어야 혼자서도 잘 읽을 수 있습니다.

　부모님들은 아이들이 학년이 올라갈수록 더 많은 책을 읽고, 이를 통해 능력을 키워가기를 바랍니다. 그러나 학년이 올라갈수록 아이들은 책과 멀어집니다. 필독서를 제외하고는 스스로 책을 찾아 읽으려 하지 않으며 책을 읽더라도 대충 보는 경우가 많습니다. 학년이 올라가면서 교과서의 난이도는 높아지는 반면, 아이들의 읽기 능력은 향상되지 않아 교과서와 읽기 능력의 격차는 커집니다.

　책을 잘 읽고 교과서를 이해하기 위해서는 읽기 능력이 필수적입니다. 그리고 읽기 능력을 기르는 데 있어서 기본이 되는 듣기 능력은 매우 중요한 역할을 합니다. 실제로 초등학생뿐만 아니라 중고등학생, 심지어 대학생에 이르기까지 책 내용을 이해하는 데 있어 책을 읽어주는 것이 스스로 읽는 것보다 더 효과적입니다.

　독서 연구가 짐 트렐리즈에 따르면 읽기와 듣기의 수준은 중학교 2학년 무렵이 되어야 동일해진다고 합니다. 이는 듣는 이해력이 읽는 이해력에 선행한다는 것을 의미합니다. 언어학자 크라센은 대학생들에게도 책을 읽어주는 것이 효과적임을 알 수 있는 사례를 소개합니다. 일주일에 1시간씩 13주 동안 대학생들에게 책을 읽어주고 토의도 했을 때, 다른 학생들보다 더 많은 책을 읽고 에세이 평가에서도 좋은 성적을 얻었다고 합니다.

질문독서 수업에서 아이들이 다음에 읽어야 할 책의 시작 부분을 읽어주거나, 아이들이 1~2년쯤 뒤에 읽게 될 독서 수업 책을 매 수업 때마다 이어서 읽어주기도 합니다. 초등학교 4학년 인 소라는 전체 이야기를 다 듣기 전에, 다음에 펼쳐지는 내용이 궁금해 책을 구입해 전부 읽었습니다. 소라는 책의 내용을 이미 알고 있음에도 읽어줄 때마다 집중해서 듣습니다. 이는 더 높은 수준으로 다시 읽는 과정이라 할 수 있습니다.

질문독서는 부모님들에게도 책을 읽어주는 것을 권장합니다. 아이들에게 책을 읽어준 경험이 있는 부모님들은 이를 크게 어려워하지 않는 편입니다. 그러나 아이들이 아주 어렸을 때와 다르게 책을 읽어주는 과정에서 예상치 못한 어려움이 발생할 수 있습니다. 이는 아이들이 대부분 듣기를 좋아하지만 관심을 기울이지 않는 경우도 있기 때문입니다.

4학년인 정무는 부모님이 책을 읽어준다 해도 혼자 읽으려고 하고, 6학년인 주아는 책을 읽어줄 때 졸면서 듣는다고 합니다. 또한 5학년인 승훈이는 책을 읽어주는 것을 좋아하지만 누워서 듣는다고 합니다. 부모님들이 책을 읽어주기 위해 시간을 할애하고 에너지를 쏟았는데, 아이들이 관심을 보이지 않거나 집중하지 않으면 책을 읽어주는 것이 어려워집니다.

아이들이 책 읽어주기를 선호하지 않는 이유를 들어보면 혼자 책을 읽는 것이 더 빠르다거나, 책을 읽어주는 것을 들으면 내용을 기억하기 어렵다고 합니다. 다시 말해 듣는 것이 집중에 도움이 안 된다고 느끼는 것이지요.

아이들이 집중해서 듣기 어려운 환경이거나, 어렸을 때와 같은 방식으로 책을 읽어준다면 듣는 데 어려움을 겪을 수 있습니다. 아주 어린 아이들에게는 부모님과 책을 통해 대화하고, 그 과정에서 정서적인 안정감을 얻는 것이 중요합니다. 하지만 읽기 능력 향상에 초점을 맞출 때는 다른 접근이 필요합니다.

공부로 인해 지친 아이들은 책을 혼자 읽는 것은 물론이고, 읽어주는 것을 듣는 것도 집중하기 어렵습니다. 따라서 집중할 수 있는 적절한 시간대를 선택하는 것이 중요합니다.

누워서 이야기를 듣는 것은 집중하기를 더욱 어렵게 만듭니다. 앉아서 들을 때 뇌에 산소 공급이 원활해지고 집중력도 높아집니다. 공부에 집중하고자 할 때처럼, 이야기를 들을 때도 앉아서 듣는 것이 좋습니다.

책을 읽어줄 때는, 적당한 어조로 속도감 있게 읽어주는 것이 듣기에 더 편하며 집중하는 데에도 도움이 됩니다. 소리의 높낮이를 바꾸거나 중요한 부분을 강조하기보다는 들려주는 사람의 해석이 개입되지 않도록 하는 것이 좋습니다. 책을 읽으면서 각자의 해석을 통해 감정을 느끼고 이야기에 몰입하는 경험은 매우 중요합니다. 따라서 책을 읽어줄 때도 이야기의 해석을 듣는 이에게 맡기는 것이 좋습니다.

읽어주기가 아이들이 혼자서는 책을 읽지 않게 만들 수 있다는 우려도 있지만, 4학년인 소라처럼 잘 듣는 아이들이 혼자서도 잘 읽습니다. 읽어주는 것은 아이들이 스스로 책을 잘 읽을 수 있는 능력을 키워주는 과정입니다.

아이들의 수준에 맞는 쉬운 책부터 읽어주는 것이 좋습니다. 듣기 능력이 향상됨에 따라 아이가 혼자 읽을 수 있는 책은 스스로 읽게 하고, 혼자 읽기는 어렵지만 들으면서 재미를 느낄 수 있는 책을 읽어주는 것이 도움이 됩니다.

혼자 책을 읽다가 재미를 느끼지 못하거나 어려워서 중단하는 경우가 있습니다. 이때는 아이가 멈춘 부분부터 읽어주고, 이야기에 관심을 보이면 다시 혼자 읽도록 격려해 줍니다. 또한 어른 대상의 책이라도 아이가 관심을 보이는 내용이라면, 소설이나 전문 서적 등을 가리지 않고 다양하게 읽어줄 수 있습니다.

아이들이 즐겁게 듣다가 어느 순간 듣기가 부담스러워질 수 있습니다. 책의 이해를 확인하려는 질문이나 주제 강조는 듣는 것을 불편하게 만들기도 합니다. 아이들이 책에 대해 다른 해석을 하더라도 기다려 주어야 합니다. 어른들의 결론에 도달하기까지는 시간이 필요합니다. 듣고 난 후 아이들이 말하고 싶은 것이 있을 때 귀 기울여 들어주는 것이 아이들의 사고력을 키우는 데 도움이 됩니다.

아이가 부담을 느끼지 않는다면, 책의 내용을 기억하고 말할 수 있도록 격려하는 것이 좋습니다. 중요한 것은 집중하며 듣는 것이고, 듣는 것이 읽는 것보다 더 높은 수준의 이해를 가능하게 한다는 점입니다.

듣기는 높은 수준에서 읽는 것입니다. 아이들이 혼자 읽어서는 이해하지 못하는 책도 들으면서 재미를 느끼고 이해할 수 있습니다. 듣고 이해하는 능력이 향상되면 읽기 능력도 자연스레 향상됩니다.

만화책 보는 아이,
독서와 가까워질까?

초등학교 5학년인 윤지는 주로 만화책이나 흥미 위주의 쉬운 책만 본다고 합니다. 윤지는 독서 수업 책이 두꺼우면 부담스러워합니다. 다른 친구들이 분량이 많은 책에서도 즐거움을 찾는 반면, 윤지는 글밥이 많다는 사실만으로도 책을 완독하는 것에 어려움을 겪습니다.

부모님들은 책을 읽지 않는 아이들에게 만화를 권하기도 하고, 학습에 도움이 되도록 학습만화를 보게 합니다. 이는 아이들이 만화를 통해 다른 종류의 책에도 관심을 가질 수 있을 것이라는 기대에서 비롯된 것입니다. 만화를 읽으며 얻은 지식이 지적 호기심을 자극하여 다른 종류의 책을 찾아 읽고, 이런 과정을 통해 책 읽는 즐거움을 발견하기를 바라는 것이죠.

하지만 부모님의 이런 기대와 달리, 아이들이 계속 만화나 흥미 위주의 책만 선호하거나 책을 대충 읽는 습관이 들어 부모님들이 걱정하는 경우가 많습니다. 실제로 책을 좋아하던 아이들이 만화에 빠지면서 책 읽기와 멀어지는 상황이 발생하기도 합니다.

6학년인 서린이는 작가의 이름까지 기억할 만큼 책을 좋아했지만 3학년 때 만화를 접한 후로는 책 읽기를 멀리하게 되었다고 합니다. 같은 학년인 지유도 저학년 때는 책을 읽었으나 5학년이 되면서부터 만화만 봅니다. 5학년인 서아 역시 만화와 책을 모두 보기는 하지만 대부분 대충 읽습니다.

다른 경우로 지운이의 부모님은 학습만화조차도 도움이 되지 않는다고 보고 만화 읽기를 제한했습니다. 대신 신뢰할 만한 작가와 출판사 그리고 삽화가 좋은 책들만 골라서 제공했는데, 이런 방식 덕분에 지운이는 독서의 즐거움을 알고, 좋은 책도 알아볼 줄 알게 되었습니다. 지운이는 질문독서 수업에서 읽은 책을 친구들에게 소개하며 함께 읽을 것을 권하기도 했습니다.

소설처럼 글 중심으로 이루어진 책은 독자가 머릿속으로 그림을 그리며 적극적으로 읽게 하는 반면, 만화책은 이미 완성된 그림을 제공하기 때문에 수동적으로 보게 합니다. 만화책은 그림만으로도 이야기를 파악할 수 있지요. 소설이 영화로 제작되어 영화를 먼저 본 경우에도, 소설을 읽을 때 스스로 머릿속에 그림을 그리는 기회가 줄어들게 됩니다.

KBS 읽기혁명 제작팀의 《뇌가 좋은 아이》에서는 '읽는 뇌'와 '보는 뇌'의 차이를 알아보기 위한 실험으로, 작품을 텍스트로 읽은 그룹과 영상으로 본 그룹에게 작품의 특정 장면을 그리게 했습니다. 그 결과 영상으로 본 아이들은 비슷한 그림을 그린 반면, 텍스트로 읽은 아이들은 한정된 정보를 바탕으로 전후 맥락과 상상력을 동원해 다양한 그림을 그렸습니다. 이는 '읽기'가 '보기'에 비해 더 적극적인 뇌 활동을 요구한다는 것을 의미합니다. 의학자인 가와시마 류타 교수의 연구에 따르면 책을 읽을 때는 다양한 뇌 영역이 활성화되어 뇌가 활발하게 활동하는 반면, 만화책을 볼 때는 뇌가 전체적으로 활성화되지 않는다고 합니다. 이는 만화를 볼 때 뇌를 충분히 활용하지 못한다는 것을 시사합니다.

더구나 디지털 시대의 아이들은 책을 '읽는' 것보다 '보는' 것에 익숙해져 있습니다. 물론 유익한 만화책도 많지만, 수동적으로 대충 보는 습관 때문에 만화를 통해 독서 습관을 들이는 것은 더욱 어려운 일이 되었습니다. 만화를 볼 때는 뇌를 충분히 활용하지 못하고 책 읽기에서도 멀어질 수 있으므로 독서 능력이 약한 아이들은 특히 글자로 된 책 읽기에 집중해야 합니다.

책을 잘 읽는 아이들도 만화와 책을 함께 볼 경우 책을 읽을 때의 집중력이 떨어질 수 있습니다. 따라서 만화를 볼 때는 별도의 시간을 정해 두는 것이 좋습니다. 또한 만화의 경우 작품성이 있고 유익한지, 학습만화의 경우 정확한 정보를 제공하며 지적 호기심을 자극하는지 신중히 고려해야 합니다.

스마트폰을 적당히
사용하는 것은 괜찮을까?

중학교 2학년인 연우는 초등학생 때는 책을 즐겨 읽고 스마트폰은 정해진 시간만 사용했습니다. 그러나 중학생이 된 후 스마트폰으로 게임하는 시간이 늘어나면서 책을 읽지 않게 되었습니다. 부모님이 스마트폰 사용을 그만하게 하려고 해도 연우는 친구들 모두 스마트폰을 사용하는 상황에서 자신만 제한받는 것을 납득하지 못합니다.

부모님들은 아이들이 디지털 기기를 사용하는 것에 대해 우려하면서도, 적당히 사용하는 것은 문제가 되지 않을 것이라 생각합니다. 하지만 아이들이 디지털 기기를 사용하기 시작하면 '적당히'라는 개념이 흐려지며, 점차 집중력을 잃어가기 시작합니다. 집중력이 약해지면 책을 읽는 데 어려움을 겪게 되고, 이로인해 책 읽기의 즐거움을 발견할 수 없게 됩니다.

중학교 2학년인 연우의 부모님은 연우의 디지털 기기 사용을 제한하려고 하지만, 연우가 받아들이지 않을 뿐만 아니라 부모님 또한 아이가 지금과 같은 인공지능 시대에 뒤처질까 봐 내심 우려하는 마음이 생기기도 합니다. 결국 부모님은 아이가 스스로 조절하길 바라며 상황을 지켜보기로 결정합니다. 하지만 시간이 지날수록 연우의 스마트폰 사용은 더욱 증가하고, 책 읽기뿐만 아니라 공부에 대한 흥미도 점차 줄어들었습니다. 이렇게 연우처럼 책을 집중해서 읽는 능력이 약해지면 책은커녕 공부에 집중하는 것이 더 힘들어집니다.

현재 해야 할 일에는 집중하지 못하고 디지털 기기에 완전히 빠지는 것입니다. 이렇게 되면 뇌 활동의 저하로 집중력뿐만 아니라 자기 조절 능력도 약해져서 더더욱 유혹을 참기가 어려워지고, 결국은 중독 상태에까지 이를 수 있습니다.

KBS '10대 스마트폰 절제력 프로젝트' 제작팀의《중학생 뇌가 달라졌다》에서는 스마트폰을 사용하지 않는 환경에서 중학생들의 뇌의 변화를 관찰한 결과, 스마트폰을 사용하지 않는 동안 뇌의 기능이 좋아졌다고 합니다. 아이들의 집중력과 기억력이 높아졌고 자기 조절 능력도 향상되었습니다. 세계 최첨단 IT 기업들이 모여 있는 실리콘밸리에서 일하는 부모들은 자녀들의 디지털 기기 사용을 제한합니다. 실리콘밸리에 위치한 발도르프학교 그린우드에서는 학생들의 디지털 기기 사용을 통제하는데, 학부모 대다수가 IT 분야 전문가들입니다. 아이폰을 만든 애플의 스티브 잡스와 마이크로소프트의 설립자 빌 게이츠 역시 자녀들의 디지털 기기 사용을 제한했습니다.

한국교육학술정보원에서 국제학업성취도 평가(PISA)를 기반으로 분석한 바에 따르면, 학교 수업에서 디지털 기기 활용 시간이 1시간 늘었을 때 수학 점수가 3점 하락한 것으로 나타났습니다. 또한 수업 중에 SNS와 앱 알림을 꺼둔 학생과 켜둔 학생 사이의 수학 점수 차이는 무려 27점에 달했습니다.

아이들을 디지털 기기에서 멀어지도록 해야 하지만, 기기 사용을 완전히 배제하기는 어렵습니다. 하지만 학습에서 필요한 경우가 있다 하더라도, 이를 '언제든지' 사용해도 좋다는 이유로 삼아서는 안 됩니다. 위의 연구에서 보듯이 학습에서 디지털 기기에 대한 의존도가 증가할수록 학업 성적이 저하되니까요. 디지털 기기는 사용 중일 때뿐만 아니라, 사용하기 전이나 후에도 아이들의 마음을 사로잡습니다. 아이들은 실제로 기기를 손에 쥐고 있지 않더라도 마음속으로는 스마트폰을 생각하며, 이로 인해 책을 읽거나 공부에 집중하는 데 어려움을 겪습니다.

아이들이 공부를 마친 후 휴식을 취할 때 스마트폰을 사용하는 것도 문제입니다. 휴식 시간에 기기를 사용하는 동안 뇌 활동이 약화되는 것뿐만 아니라 뇌가 제대로 쉬지 못하고 산만해져 다시 공부에 집중하기가 어려워집니다.

디지털 기기의 프로그램들은 가능한 오래 사용하도록 고도로 설계된 것들이 대부분입니다. 그러니 한번 맛 들이게 되면 사용 시간이 늘어나는 건 너무나 당연합니다. 아주 적은 시간이라도 날마다 사용하다 보면, 스마트폰 없이는 하루도 견디기 어려운 중독 상태에 이르게 됩니다. 최고의 기술자들이 사용자들로 하여금 오랫동안 사용하도록 설계한 디지털 기기로부터 아이들은 하루도 쉽게 떨어지지 않습니다. 그러나 아이러니하게도 이렇게 기기를 설계한 이들의 자녀들은 도리어 디지털 기기로부터 거리를 두고 자기 조절 능력, 창의적 사고, 예술적 재능을 키우는 데 시간을 보냅니다.

그러면 도대체 어떻게 해야 하는 걸까요? 책을 읽는 즐거움에는 기다림이 필요합니다. 반면 디지털 기기는 즉각적인 재미와 자극에 빠져들게 합니다. 하나의 세계가 끝나자마자 다른 세계로 끊임없이 이끌리게 되죠. 게다가 현재 아이들에게 스마트폰은 시대에 적응하는 데 필요한 놀이이자 유용한 도구이기도 합니다. 교육 현장에서도 디지털 기기가 활용되고, 소통의 수단으로 자리 잡았고, 새로운 정보에 대한 접근이 필수적이기 때문입니다. 이러한 환경 속에서 디지털 기기를 능숙하게 다루지 못하는 것에 대한 불안감을 가질 수 있습니다. 또한 아이들이 어려운 문제에 직면했을 때 해결책을 찾지 못하고 스마트폰이라는 가상의 세계로 빠져들기도 합니다.

이런 변화 속에서 아이는 스마트폰의 세계로 들어가고 싶어하고, 부모는 아이가 그 세상에서 벗어나기를 바라지만 갈등만 심화됩니다. 이럴 때 필요한 것은 스마트폰의 문제가 아니라 부모와 아이의 관계 회복이 더 중요합니다. 편안하게 소통할 수 있는 환경이 조성될 때, 스마트폰은 대화의 주제로 자연스럽게 이어질 수 있을 것입니다.

아이들이 책을 읽는 즐거움에 익숙해지려면 디지털 기기를 통제할 수 있는 능력이 필요합니다. 디지털 세상 밖에서 놀이의 즐거움을 발견하고, 책 읽기가 더욱 재미있게 다가오며, 목표 달성을 위한 노력이 더 의미 있게 여겨져야 합니다. 디지털 기기 밖의 활동에서 더 큰 즐거움을 찾을 수 있어야 하지요. 하지만 디지털 기기의 강력한 영향력 속에서 이러한 능력을 기르는 것은 결코 쉽지 않은 일입니다.

디지털 기기로부터 아이들을 보호하기 위해서는 효과적인 사용 규칙을 정하는 것을 권장합니다. 필요한 경우에만 특정 장소에서 사용하도록 하고, 주말이나 정해진 시간에 집중적으로 사용하는 방식을 채택하는 것이 좋습니다. 단순히 사용 시간을 줄이고 제한하는 접근법은 오히려 아이들 안에 디지털 기기에 대한 갈증을 증대시킬 수 있으므로, 아이와의 대화를 통해 점진적으로 조절해 나가는 것이 필요합니다. 스마트폰 사용 간격이 짧을수록 사용 시간을 줄이고, 간격이 길어질수록 사용할 수 있는 시간을 늘리는 방식으로 선택권을 부여할 수 있습니다. 또한 스마트폰을 사용하지 않는 날을 정해 아이와 함께 시간을 보내는 것도 효과적인 방법입니다.

이러한 방식은 중독을 방지하는 데 도움이 됩니다. 사용 시간을 줄이거나 사용하지 않는 기간을 길게 유지함으로써 마음에서 디지털 기기에 대한 생각을 지워버릴 수 있고, 사용하지 말아야 할 때 사용을 자제할 수 있습니다. 이를 통해 평소에 책을 읽거나 공부할 때 디지털 기기의 유혹에 휘둘리지 않고 집중할 수 있으며, 진정한 휴식도 취할 수 있습니다.

날마다 사용하는 경우와 집중적으로 사용하는 경우, 총 사용 시간이 비슷하거나 집중적으로 사용할 때 시간을 더 많이 갖더라도 중요한 것은 디지털 기기에 대한 생각을 더 적게 하고 필요한 일에 더 많은 시간을 집중하는 것입니다. 자신이 해야 할 일에 집중하는 힘이 있어야 인공지능 시대를 넘어 미래를 열어 갈 수 있습니다.

반드시 해야 하는 일은 어렵고 힘들게 배워야 하지만, 굳이 하지 않아도 되는 일은 저절로 즐겁게 습득됩니다. 쉽게 재미를 얻는 동안 집중력은 사라집니다. 순간의 재미에 집중력을 내어 주지 않아야 노력을 통한 성취감에서 오는 다른 차원의 즐거움 을 만날 수 있습니다.

물리적 시간과
심리적 시간의 중요성

아이들은 책 읽을 시간이 부족하다고 합니다. 초등학교 1학년인 민기도 "학원 때문에 바빠서 책을 많이 못 본다"고 합니다. 하지만 아이들은 책 읽는 걸 좋아합니다. 고등학교 1학년인 석현이는 "책을 읽으면서 너무 행복했다"고 합니다. 어른들은 아이들이 시간이 있는데도 책을 '안 읽는' 거라 하고, 아이들은 바빠서 '못 읽는' 거라고 합니다.

아이들이 스스로 독서의 중요성을 인식하기는 어렵습니다. 책을 좋아하는 아이들조차도 공부를 더 우선시하게 됩니다. 학년이 올라갈수록 공부가 많아지기 때문에 책을 제대로 읽는 것이 어려워집니다.

아이들이 책을 읽으려고 해도 마음 편히 읽는 것은 쉽지 않습니다. 마음의 여유가 없어서 책을 읽지 못하면 "책도 안 본다"는 말을 듣고, 마음먹고 책을 읽으려 하면 "공부는 안 하고 책만 본다"고 합니다. 책을 읽고 나면 "제대로 읽었겠지?" 하는 우려 섞인 소리를 듣게 됩니다.

질문독서 수업을 하는 아이들도 학년이 올라가면서 책을 읽는 시간이 줄어듭니다. 부모님들은 아이들이 그저 책을 가까이 하기를 바라는 마음으로 시작하지만, 시간이 지날수록 더 많은 걸 기대하게 됩니다.

책을 잘 읽는 것은 물론, 글쓰기와 토론 능력도 키우고, 성적도 오르고, 문학적 소양과 인성도 갖추기를 기대합니다. 독서가 다양한 가능성을 열어 주는 것은 맞습니다. 이를 통해 아이들이 또 다른 다양한 목표들을 향해 나아갈 수도 있습니다.

그러나 책을 제대로 읽어 내지도 못하는 상황에서 독서를 통해 많은 것을 이루는 것은 어렵습니다. 아이들은 바쁜 일정으로 시간을 내기 어렵고, 시간을 내어 책을 읽더라도 마음의 여유가 없어서 집중하기 어렵습니다.

고등학교 1학년인 석현이의 부모님은 석현이가 운동 시간을 줄이게 되어서 책을 읽을 시간이 부족하지 않다고 생각하지만, 석현이는 해야 할 공부가 많아 독서할 시간이 부족하다고 느낍니다. 그럼에도 석현이가 질문독서 책을 읽으며 행복을 느낀 것은 읽은 책이 마음에 쏙 들었고, 시험을 마치고 여유가 있었기 때문이었지요.

일이 밀려 있거나 마음이 복잡할 때는 누구나 책에 집중하기 어렵습니다. 바쁘거나 마음이 혼란스러운 상황에서는 어른들도 책을 읽는 것이 쉽지 않습니다. 아이들도 마찬가지로 학년이 올라갈수록 학업과 다양한 고민이 늘어나면서 독서에 할애할 시간을 내기 어렵습니다.

부모님들이 보기에는 있지만 아이들은 없다고 하는 그 '시간'을 찾아주어야 합니다. 독서 시간을 따로 설정하면 그 시간만큼은 마음 편히 독서에만 집중할 수 있으며, 이는 독서의 중요성을 인식하는 데에도 도움이 됩니다.

책을 읽으려면 물리적인 시간만이 아니라 심리적인 시간도 필요합니다. 학년이 오를수록 책에만 집중할 수 있는 절대적인 시간이 있어야 합니다.

공부량이 늘어날수록
집중력 관리가 필요하다

중학교 1학년인 서율이는 공부량이 많아지면서 독서 수업에 집중하지 못했습니다. 서율이는 주말에도 쉬지 않고 학원을 다니기 때문에 학원 과제를 할 시간이 부족해서 학교에 가서 학원 과제를 합니다. 또한 학원에서 배우지 않는 과목은 공부하지 않습니다.

서율이는 학교 쉬는 시간을 이용해 학원 과제를 합니다. 하지만 학년이 오르면서 어려워진 공부와 학원 과제가 주는 부담감으로 인해 학교 수업 시간에 집중하기가 어렵습니다.

공부가 어려워질수록 집중력이 필요한데, 학원에서 수동적으로 공부하면 집중력을 유지하기 어렵습니다. 수동적으로 보내는 시간이 늘어날수록 집중력은 더욱 약화되고, 공부에 대한 부담감이 더해져 책을 읽을 때도 제대로 집중하지 못하게 되지요.

아이들은 대부분의 시간을 학원에서 보내며, 자신의 실제 능력 향상보다는 학원 내에서의 등급을 더 중시하고는 합니다. 학원에서 상위 등급을 유지하면서 자신의 존재감을 확인하고, 다른 아이들과의 점수 경쟁에서 우위를 차지할 때 안도감을 느낍니다. 눈에 보이는 등급이나 레벨 유지에만 몰두하면서 집중력은 약해지고, 실제 공부 실력은 향상되지 않는 경우가 많습니다.

더욱이 학원 수업에 많은 시간을 소비함으로써 학원에서 다루지 않는 과목에 대한 공부는 소홀히 하게 됩니다. 아이들은 공부를 등한시하다가 시험 기간이 다가오면 문제 풀이 중심의 학습으로 대체하곤 합니다. 그러나 과도한 문제 풀이 학습은 집중력 저하를 초래할 뿐만 아니라 자신의 약점을 정확히 파악하는 데도 방해가 됩니다. 문제를 많이 풀어 점수가 일시적으로 오를 수는 있으나, 그 점수가 진정한 실력으로 이어지지는 않습니다. 집중력을 높이고 실력을 쌓는 학습이 필요합니다.

많은 아이들이 학원에서 공부하느라 도리어 학교 수업에 집중하려는 노력을 소홀히 합니다. 집중력이 가장 필요할 때 집중하지 않는 것이지요. 과도한 학원 과제로 인해 학교 수업 시간에는 약한 집중력으로 버텨야 하고, 쉬는 시간에는 학원 과제를 해결하느라 쉬지도 못합니다. 이러한 상황은 효율적인 학습을 방해합니다.

효율적으로 공부하려면 학교 수업 시간에 집중하는 것뿐만 아니라 쉬는 시간도 적절히 활용하는 것이 중요합니다. 쉬는 시간에는 방금 수업 시간에 배운 내용을 잠시 되새겨 보거나, 다음 수업에 집중할 수 있도록 에너지를 아껴 쉬는 것도 필요합니다. 적절한 휴식을 취하지 않고 계속해서 뇌에 부담을 주거나 피곤한 상태로 있으면, 수업에 집중하기 어렵고 학습한 내용도 잘 기억하지 못하게 됩니다.

학년이 높아질수록 공부의 내용이 어려워지고 과제량도 증가하는데, 집중력이 부족하면 많은 양의 학습을 효과적으로 처리하기 어렵습니다. 집중하지 못하면 공부에 더 많은 시간이 소요되며, 시간은 한정적이기 때문에 어려움을 겪게 됩니다.

따라서 감당할 수 있는 범위 내에서 학습 계획을 세우고 집중력을 높여야 합니다. 집중력을 높임으로써 공부에 소요되는 시간을 줄이고 더욱 효율적으로 학습할 수 있습니다.

학원에 익숙해진 아이들은
바로 답을 찾으려 한다

중학교 3학년인 재효는 학원에 다니느라 책 읽을 시간이 부족하다고 합니다. 영어와 수학 학원을 다니는 것만으로도 여유가 없는데, 다른 과목들도 성적이 만족스럽지 않으면 스스로 공부할 생각은 하지 않고 학원을 더 늘려야겠다고 생각합니다.

부모님들은 아이들의 성적이 기대만큼 나오지 않으면 학원 시간을 더 늘리는 방향으로 결정하곤 합니다. 아이들이 자신만의 공부 방법을 찾아가거나, 모르는 문제를 해결해가는 과정을 기다려주지 않습니다. 이로 인해 아이들은 스스로 문제를 해결하고 실력을 키워가는 경험을 하지 못하며, 결과적으로 성적에만 집착하게 됩니다.

재효는 학원 외에는 자기 주도적으로 공부하는 습관이 없습니다. 학원을 다닌다고 해서 반드시 원하는 성적을 얻을 수 있는 것은 아니지만, 점수를 올리기 위해 학원 수업을 더 듣는 것이 해결책이라고 생각합니다. 특히 수학 성적이 좋지 않기 때문에 수학 공부에 더 많은 시간과 노력을 할애합니다. 수학은 중요 과목인 데다가 자신이 취약한 과목이니 더 많은 시간을 투자하는 것은 합리적인 판단입니다.

하지만 수학 공부에 많은 시간을 투자함에도 성적이 향상되지 않는다고 느낍니다. 반면 다른 과목의 경우, 성적이 잘 나올 수 있는데도 공부할 의지를 보이지 않습니다. 스스로 해결책을 찾기 위해 고민하지 않고 결과만을 기대합니다. 이로 인해 책에 집중하고, 스스로 질문을 던지고 답을 찾으며 깊이 있는 생각을 요구하는 질문독서 수업에 어려움을 겪게 되는 것이지요.

책을 읽고 스스로 생각하면서 독서 수준을 높이는 것이 공부 실력을 향상시키는 방법입니다. 학습 능력을 향상시키고 공부 방법을 찾는 데는 시간이 소요되지만, 결국 학습 효율을 높여 시간을 절약하며 공부할 수 있는 기반을 마련합니다. 공부 방법을 찾는 과정에는 시행착오가 따르지만, 일단 자신에게 맞는 방법을 찾게 되면 학습 시간을 줄이면서도 안정적인 성적을 유지할 수 있게 됩니다.

학원에 다니더라도 공부는 결국 자기 주도적으로 해야 합니다. 학원에만 의존하지 않고 스스로 학습 계획을 세우는 것이 중요하며, 다른 과목에 대한 학습 시간도 확보해야 합니다. 학원에서 보내는 시간이 많다고 해서 반드시 학습 능력이 향상되는 것은 아닙니다. 본인 스스로 공부하면서 실력을 쌓아가야 합니다. 잘하는 부분은 스스로 강화하고 부족한 부분을 보완하기 위해 학원이나 과외를 활용하는 것이 바람직합니다.

EBS 제작팀의 《학교란 무엇인가》에서는 전국 상위 0.1퍼센트에 속하는 아이들은 학원에만 의존하지 않고, 공부에서 자신이 주도적인 역할을 하며 필요할 때만 학원의 도움을 받는다고 합니다. 일반적으로 성적이 하락했을 때 많은 아이들이 학원을 찾지만, 상위 0.1퍼센트 아이들 중 64퍼센트는 오히려 개인적인 공부 시간을 더 늘립니다. 이는 공부에 대한 책임을 학원이 아닌 자신에게 두는 것이며, 스스로 학습하는 것이 중요하다는 것을 아는 것입니다.

공부는 알지 못하는 것을 알아가는 과정인데, 학원에 익숙해진 아이들은 이 과정을 건너뛰고 바로 정답만을 찾으려고 합니다. 때로는 스스로 공부하려는 의지를 보이기도 하지만, 모르는 문제에 부딪혔을 때 그 답을 찾으려는 노력을 하기보다 정답을 모르는 상황에 대한 조급함만 느낍니다. 스스로 해결책을 찾는 연습이 부족하기 때문에 결국 빠르게 정답을 알려줄 학원을 다시 찾게 됩니다.

시간이 걸리더라도 스스로 학습하는 과정을 통해 실력은 더욱 단단해지고 공부 효율도 올라갑니다. 하지만 이러한 과정을 견디지 못하고 답만 찾으려고 서두르는 태도는 자립적인 학습 능력을 약화시킵니다. 스스로 학습하는 과정을 연습하고 이를 위한 시간을 확보해야 합니다.

아이들은 공부를 할 때 열심히 달리다가도 어느 순간 지쳐서 멈추고, 또다시 힘겹게 달리는 과정을 반복합니다. 책을 읽거나 공부를 할 때 모르는 것을 스스로의 노력과 힘으로 알아가는 과정이 필요합니다. 이를 통해 한 단계 성장할 수 있고, 다시 힘을 얻고 도전할 수 있습니다. 아이들이 자기 주도적으로 공부 실력을 향상시키며 지치지 않고 나아갈 수 있어야 합니다.

능력은 서서히 오르고
빠르게 내려온다

초등학교 2학년부터 독서 수업을 하고 6학년이 된 정석이, 은채, 수호에게 교과서가 쉬워졌는지 물었습니다. 아이들은 마치 약속이라도 한 듯이 다 함께 "아니요"라고 하더니, 바로 뒤이어 "재밌어요"라고 했습니다. 교과서가 쉬운 정도가 아니라 재미있어졌다고 합니다.

교과서보다 쉬운 책을 읽으며 실력을 쌓아 교과서를 잘 이해할 수 있는 수준까지 도달하면 교과서 학습이 즐거워집니다. 책을 집중하여 읽으면 기억을 잘하게 되고, 이를 통해 생각이 깊어지며 결국 이해력까지 향상됩니다.

책에 집중하고 기억하는 능력이 향상되면, 공부할 때도 집중하고 기억도 잘하게 됩니다. 책이 이해하기 쉬울수록 재미있어지며, 공부 역시 이해하기 쉬울 때 더욱 흥미로워집니다. 따라서 책 읽기에 집중하는 것이 교과서를 재미있게 느끼도록 만드는 일입니다.

하지만 교과서가 쉽고 재미있어지기 위해서는 시간과 노력이 필요합니다. 독서 수준이 어느 정도 향상되었어도, 실력이 충분히 안정되지 않은 상태에서 책에 집중하지 못하거나 독서 환경이 불안정하면 그동안 쌓아온 능력도 흔들릴 수 있습니다. 더군다나 책을 읽지 않으면 더 크게 영향을 받습니다. 책에 집중하고 기억하기 위해서는 평소보다 더 많은 에너지를 사용해야 합니다. 하지만 노력에 익숙해지면 노력하는 데 드는 에너지도 줄어들게 되지요.

그러나 책을 읽지 않으면서 익숙해져 가던 과정들이 중단되어 흐름을 잃게 되면, 만회하는 데 더 많은 시간과 노력이 요구됩니다. 특히 자신이 약한 부분은 더욱 많은 시간과 노력을 필요로 합니다. 그리고 이러한 약한 부분은 주변 환경에 따라 영향을 많이 받습니다. 약점을 강점으로 바꾸고 더욱 단단하게 만들기 위해서는 시간이 필요합니다. 단기간에 성장을 보일 수는 있지만, 그 기반이 견고하지 않으면 쉽게 흔들릴 수 있습니다. 그렇기 때문에 독서 능력을 꾸준히 키워 나가야 합니다.

단순히 공부에 많은 시간을 들인다고 해서 항상 좋은 결과를 얻을 수 있는 것은 아닙니다. 독서를 통해 공부 실력을 키우면 훨씬 더 효율적으로 학습할 수 있습니다. 점수나 결과에만 연연

하지 말고, 독서 수준을 높이기 위한 꾸준한 노력이 필요합니다. 학습할 때 공부 실력이 있어야만 공부한 만큼 또는 그 이상의 성과를 얻을 수 있습니다.

독서 능력은 학습뿐만 아니라, 자신의 재능을 발전시키고 사회에서 다양한 일을 할 때도 중요합니다. 집중력과 사고력을 바탕으로 자신의 능력을 최대한 활용하여 원하는 결과를 얻을 수 있습니다.

독서 능력이 단단하게 성장하지 않은 상태에서 노력이 줄어들면 능력은 후퇴합니다. 능력은 올라갈 때는 천천히 오르지만 내려오는 것은 빠릅니다. 지금의 능력보다 한 단계 올라서기란 매우 어렵지만 원래의 상태로 돌아가는 것은 쉽습니다.

각자의 속도로 최대한의 목표에 도달하는 것이 중요합니다. 독서 능력이 견고하게 성장하면 책 읽기도 공부도 즐겁게 느껴지고, 더 어려운 도전도 해낼 수 있다는 자신감을 가질 수 있습니다.

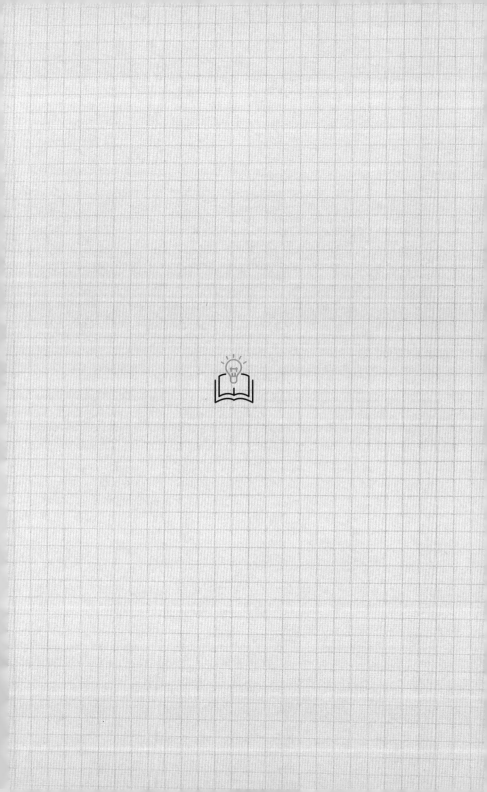

3장
아이에게 진짜 힘이 되는
독서 방법

: AI 시대, 아이들의 실력을 높이는 질문독서법

몰입해서 읽으면
독서 수준이 올라간다

초등학교 2학년인 은호는 주변에서 영민함을 인정받습니다. 은호는 독서 수업 책을 읽고 자세하게 기억하기 위해 노력합니다. 발표할 때 다른 아이들이 정확하게 기억하는 것이 어렵다고 하자, 은호는 친구들에게 "기억을 잘하려면 마음을 비워야 돼. 자기 이름도 까먹어야 해"라고 말했습니다.

부모님들은 이 말을 듣고 아직 초등학교 2학년밖에 안 된 은호가 발표에 완전히 집중하고, 몰입의 순간을 그렇게 표현한 것에 대해 "무아지경에 이르렀다"며 감탄했습니다.

그림책으로 수업하는 시간이었는데, 아이들에게 그림책은 읽는 것도 발표하는 것도 부담이 없습니다. 아이들은 그림책의 내용을 잘 기억합니다. 하지만 때때로 그림책은 쉽다고 생각하고 집중하지 않는 경우가 있습니다. 그림도 읽고 글자도 읽어야 하는데, 집중하지 않으면 많은 부분을 놓치게 되지요.

질문독서는 아이들이 집중하고 기억하며 사고할 수 있도록 합니다. 책을 집중해서 깊이 있게 읽고, 그 내용을 자세하게 기억하며, 질문을 하고 답하고 반론하며 사고를 향상시킵니다. 책을 읽기 전에도, 읽은 후에도, 글을 쓸 때도 질문하고 또 질문합니다. 집중해야만 기억할 수 있고, 기억을 떠올릴 수 있어야 사고를 할 수 있으며, 사고가 이루어져야 질문하고 답하고 반론하는 것이 가능해집니다.

질문독서는 독서 수준을 높이기 위해 쉽고 재미있으면서 분량이 적은 책일수록 수업 목표를 높게 설정하고는 합니다. 책의 내용 그대로 최대한 자세하게 기억하는 것이 높은 수준이지요. 평소보다 더 높은 수준으로 자세하게 기억하는 것을 목표로 설정하면, 아이들은 책을 읽을 때 놓친 부분에 주의를 기울이며 다시 집중해서 읽습니다.

중요한 것은 자세하고 정확하게 기억하려는 노력을 통해 책 읽기의 수준을 조금씩 높여 가는 것입니다. 독서 수준이 높은 아이들은 다소 어려운 책뿐만 아니라, 아주 쉽고 재미있는 책의 '재미' 또한 알아차립니다. 그림책이나 분량이 적은 책은 저학년뿐만 아니라 고학년 아이들에게도 자세하게 기억하는 연습을 하는 데 유익합니다. 이러한 책을 깊이 있게 읽고 이해함으로써 아이들은 독서의 즐거움을 발견하게 됩니다.

2학년인 은호는 책을 읽을 때 작은 부분도 놓치지 않고 정확하게 기억하려고 노력합니다. 은호와 같이 집중하는 아이들은 책의 세부 내용만이 아니라 전체적인 내용도 잘 기억합니다. 이렇게 책을 읽거나 발표할 때, 자신이 할 수 있는 최선을 다하면 그 과정에서 몰입감을 느끼게 됩니다.

심리학자 미하이 칙센트미하이는 쉽지는 않지만 그렇다고 과도하게 힘든 것도 아닌 과제에 집중할 때 몰입감이 생긴다고 합니다. 명확한 목표가 있고, 과제의 난이도와 자신의 능력이 균형을 이루며, 그 결과가 바로 나타나는 일을 할 때 몰입을 경험하며 삶의 질을 향상시킬 수 있습니다. 몰입 활동을 할 때는 집중하고 긴장하게 되는데, 처음에 집중하면 그 다음부터는 재미를 느낄 수 있습니다.

질문독서는 질문을 하고, 글을 쓰고, 토론하고, 다양한 활동을 포함하지만 책을 집중해서 읽고 그 내용을 자세하게 기억하는 것이 가장 중요합니다. 내용을 잘 기억해야 다른 활동들도 의미 있게 할 수 있습니다. 책을 읽고 기억하는 것은 쉽지 않지만, 과도하게 힘든 일은 아닙니다. 책의 내용을 기억하는 데 중점을 두고 읽으면 집중도가 올라가고, 집중한 만큼 기억할 수 있습니다.

아이들은 기억한 내용을 그대로 떠올리며 발표할 때도 집중력이 요구되고 긴장감이 생깁니다. 발표할 때의 긴장감은 기억력을 강화하는 역할을 하기도 하지요. 독서 수업에 익숙해지면 자연스레 긴장을 덜하게 되긴 하지만, 학년이 올라가며 발표에 익숙해진다 하더라도 어느 정도 긴장을 하게 됩니다. 부모님들이 보기에는 아이들이 수업을 쉽게 하는 것처럼 보이지만 실제로 수업을 받는 아이들은 그렇지 않습니다.

초등학교 4학년부터 수업을 시작해 5학년이 된 윤서가 발표를 앞두고 긴장된다고 하자, 다른 친구들도 긴장되거나 두근거린다며 동의했습니다. 중학교 1학년부터 수업을 시작해 3학년이 된 지흔이도 발표할 때마다 긴장하게 된다는 이야기를 부모님에게 전했다고 합니다. 부모님들은 아이들이 늘 하는 수업임에도 긴장한다는 것이 뜻밖이라고 했지만, 아이들이 최선을 다하고 있다는 것을 이해하게 되었습니다.

질문독서는 책을 읽고 자세하게 기억하는 것을 전제로, 세부적으로 목표를 조금씩 높이거나 방법을 약간 변경하여 수업을 진행하기도 합니다. 이로 인해 긴장하게 되는 것도 있지만 그것보다는 아이들이 최선을 다하려는 마음이 있기 때문이지요.

책을 읽고 내용을 기억하는 것과 기억한 내용을 그대로 떠올리며 발표하는 과제를 하면서 몰입 활동의 결과 또한 곧바로 확인할 수 있습니다. 아이들은 발표를 통해 어떤 부분을 잘 기억했는지, 어떤 부분을 잘 기억하지 못했는지를 알 수 있습니다. 아이들은 '이 부분은 제대로 읽지 않았다' 혹은 '다음에는 더 집중해서 읽어야겠다'라는 생각을 하곤 합니다.

아이들은 독서 수업에서 발표만이 아니라 다른 과제들을 할 때도 집중합니다. 질문을 할 때나, 글을 쓸 때, 토론을 할 때 모두 집중하며 논리적으로 사고하기 위해 노력합니다. 아이들은 이런 노력을 통해 성취감을 느낍니다.

2학년인 은호와 친구들 모두 자신만의 재능과 과제에 대한 집중력을 가지고 있습니다. 하지만 학년이 올라가고 공부량이 증가하면서 집중력이 약화되고 기대했던 성과를 보는 것이 어려워집니다. 집중력은 노력하지 않으면 점차 약해지는데, 한정된 에너지를 여러 공부에 나눠 쓰다 보니 잠재력을 충분히 발휘하는 것이 쉽지 않습니다. 많은 양의 공부를 하는 것보다는 집중하는 것이 중요합니다. 무엇이든지 집중해야 실력을 키울 수 있습니다.

책을 읽거나 발표할 때, 자신이 할 수 있는 노력을 다하는 과정에서 몰입감이 생깁니다. 그렇게 노력해서 도달한 몰입의 경험은 아이에게 자신감을 줍니다. 그 자신감은 다시 다른 노력으로 이어집니다. 질문독서 수업은 노력한 만큼의 성취감을 느낄 때 재미있어집니다. 몰입은 삶의 수준과 공부의 수준을 끌어올립니다.

단편적인 내용이 아닌
전체를 기억하게 한다

초등학교 5학년인 유나의 부모님은 유나가 어려운 책을 많이 읽긴 하는데, 대충 보는 것 같다고 합니다. 그런데 책을 읽고 나서 부모님이 질문을 하면 대답을 곧잘 한다고 합니다. 책을 집중해서 읽는 것 같지는 않은데 대답하는 것을 들어보면 내용을 아는 것 같고, 제대로 읽고 있는 것인지 아닌지 판단하기 어렵다고 합니다.

유나는 독서 수업에서 발표할 때, 책의 내용을 기억하지 못해 어려움을 겪었습니다. 발표 중에 생각이 안 나 멈추는 경우가 많았고, 기억나지 않아서 내용을 건너뛰고는 했습니다. 기억하지 못하는 상황에서 책의 내용을 요약하고, 인물의 성격을 파악하고, 글을 쓰는 것은 더욱 어려운 과제로 다가왔습니다.

대체로 아이들은 책을 읽은 후에 주어진 질문에 답하는 것을 그리 어려워하지 않습니다. 전체 내용을 이해하는 것보다는 단편적인 내용을 기반으로 질문하는 경우가 많기 때문이지요. 단편적인 내용이라면 책을 대충 보는 것만으로도 충분히 대답할 수 있습니다. 주제에 대한 질문에 대해서도, 제대로 이해하지 못했어도 추측해서 답할 수 있습니다. 또한 책의 내용을 파악하지 못해도 평상시의 생각으로 답할 수 있는 경우도 있습니다.

주어진 질문에 대해 답하는 방식이 익숙해지면 질문을 예측하고 그 범위 내에서만 책을 읽게 될 수 있습니다. 질문은 보통 특정한 답을 요구하거나 질문자의 의도를 반영하게 되므로 아이들이 다양한 관점에서 생각을 표현하는 것이 쉽지 않습니다.

유나는 어려운 책도 많이 읽고 제시된 질문에 대해 쉽게 답을 했지만, 이전에는 독후감을 작성하는 데 어려움을 겪었고 책속 인물을 이해하는 것도 쉽지 않았습니다.

유나는 "학교 독서 감상문 쓰기 대회에서 책의 줄거리를 쓰고 느낌을 쓰는데, 질문독서 수업을 하기 전에는 책의 내용이 기억이 나지 않아서 어려웠는데, 지금은 기억이 잘나서 한결 쓰기 수월해졌다"라며 긍정적인 변화를 말했습니다. 또한 "학교 국어 시간에 책을 읽고 인물이 추구하는 삶을 쓰라고 하는데, 예전에는 그게 그렇게 어렵더니 이제는 쉽게 느껴진다"라고 덧붙였습니다.

책을 읽을 때는 단편적인 내용만이 아니라 전체 내용을 기억해야 합니다. 처음부터 끝까지 자세하게 떠올릴 수 있어야 하지요. 전체를 기억하면 독후감을 쓰는 것이나 인물을 이해하는 것이 쉬워집니다. 책의 내용을 기억하지 못한 채 주어진 과제를 할 수 있다고 해도 중요한 것은 독서 수준입니다. 책을 잘 읽는 능력이 있어야 과제를 수준 있게 수행할 수 있고, 어려운 과제를 만나더라도 잘 해결해 나갈 수 있습니다.

주어진 질문에 답하는 것만으로는 책을 제대로 읽었는지 판단할 수 없습니다. 질문에 답을 잘한다고 책을 잘 읽게 되는 것도 아닙니다. 단편적인 내용을 아는 것이 아니라 전체적인 내용을 기억하려는 노력이 필요합니다.

그림 그리듯이
세밀하게 여러 번 읽는다

초등학교 4학년인 정호는 친구 집에 놀러 가서도 책을 볼 정도로 책 읽는 것을 좋아한다고 합니다. 그런데 독서 수업에서 발표할 때, 책의 내용을 기억하지 않고 외우려고 합니다. 5학년인 동민이도 책을 많이 읽지만 책을 통해 알아야 할 기본적인 정보조차 파악하지 못합니다.

4학년인 정호는 책을 좋아하지만 대부분의 경우 집중하지 않아 기억을 제대로 하지 못합니다. 정호는 단어나 문장을 외워서 발표하려고 하지만 오히려 정확하게 기억하지 못합니다.

정호는 친구들이 정확하게 기억한 '클로린다'라는 이름을 '클로드'라고 했고, '암브로스'라는 고양이의 이름도 기억하지 못해 '그냥 고양이'라고 표현했습니다. 또한 '색깔 있는 설탕 가루로 고삐도 만들었어요'라는 문장을 '초콜릿으로 갈비를 만들었다'고 잘못 변형했습니다. 이것은 책을 제대로 읽지 않아 전체적인 흐름 속에서 자연스럽게 기억하지 못했기 때문입니다.

5학년인 동민이도 책을 읽을 때 집중하지 못하고 대충 읽습니다. 발표할 때 이야기를 하다가 자주 멈추는데, 실제로 말하는 시간보다 멈추는 시간이 더 길어지곤 합니다. 그리고 책을 읽었으면 알아야 할 사실조차 모르는 경우가 있습니다.

책을 읽다 보면 '비글'이 개의 품종이라는 사실을 알 수 있는데, 동민이는 토론할 때 그 단어를 처음 접한 것처럼 친구들에게 "비글이 뭐야?" 하고 물었습니다. 그러자 아이들은 다 같이 "개의 종류지"라고 대답했습니다. 동민이는 책을 대충 읽어 그 부분에 대한 설명을 놓쳤던 것입니다.

정호의 부모님은 정호가 책을 좋아해서 질문독서 수업에서도 잘할 것이라고 생각했습니다. 책을 많이 읽는 동민이의 부모님도 당연히 그럴 거라고 예상했지요. 그러나 실제로는 아이들이 책을 제대로 읽지 않아 책의 내용을 기억하는 것을 힘들어했습니다.

책을 좋아하고 많이 읽어도 습관적으로 대충 읽으려고 하면 기억하지 못합니다. 책을 읽을 때는 집중력이 필수적입니다. 전체 흐름과 부분적인 내용이 어떻게 연결되는지 이해해야 합니다.

책을 읽을 때 그림 그리듯이 여러 번 읽으면 기억을 잘할 수 있습니다. 전체적인 그림을 그리며, 그 안에서 세부적인 부분을 채워나가야 합니다. 그림책을 읽을 때도 그림뿐만 아니라 그림으로 표현되지 않은 장면도 머릿속에 시각화해서 연결하면 기억이 잘 납니다. 책을 한 번 읽은 후에는 전체적인 그림이 흐릿하지만, 여러 번 읽을수록 더 선명해집니다.

책을 한 번만 읽고 완벽하게 그림으로 그려낼 수는 없습니다. 여러 번 읽는 과정을 통해 처음에 놓쳤던 부분이나 의미를 찾아내면서 그림이 선명해지는 것입니다. 전체적인 그림을 그리고, 장면을 그리고, 문장을 그려야 합니다. 책을 그림 그리듯이 여러 번 읽으면 선명해진 그림만큼 더욱 풍부하게 이해하고 즐거움을 느낄 수 있습니다.

'간격 두어 읽기'로
집중력과 장기기억력을 높인다

초등학교 6학년인 유석이는 공부한 내용을 외우려고 해도 쉽게 외우지 못하고, 힘들게 외운 후에도 금방 잊어버리고는 했습니다. 그런데 책을 집중해서 읽게 되면서 공부한 것을 기억하는 것이 쉬워졌고, 한 번 외운 내용은 잘 잊어버리지 않게 되었습니다.

책을 집중해서 읽는 능력이 높아지면 단기기억력만이 아니라 장기기억력도 함께 향상됩니다. 책을 읽고 장기기억에 저장해 두면 언제든 그 내용을 떠올려 사고할 수 있으며, 다른 책을 읽을 때 비교하고 분석하는 데 유용합니다. 공부할 때도 학습한 내용을 장기기억에 저장해 두면 필요할 때 힘들이지 않고 바로 꺼내어 활용할 수 있습니다.

장기기억력을 높이기 위해서는 책을 집중해서 읽고, 여러 번 반복해서 읽고, 그리고 읽은 내용을 떠올려보는 재생 과정이 필요합니다. 처음에는 세세한 부분을 기억하기 어렵지만 연습을 거듭할수록 집중력이 향상되어 자세하게 기억할 수 있습니다.

문학이든 지식 서적이든 집중해서 읽고 그 내용을 기억하는 것이 중요합니다. 특히 소설을 읽는 것이 집중력과 기억력 향상에 도움을 줍니다.

소설은 긴 시간 동안 집중하며 많은 양의 정보를 기억하는 능력을 키워줍니다. 소설에서 전체 이야기를 이해하려면 첫 장면부터 마지막 장면까지 모든 사건을 기억하며 따라가야 합니다. 또한 전체적인 흐름뿐만 아니라 세부적인 내용이나 감정 변화까지 놓치지 않고 집중해서 읽어야 재미를 느낄 수 있지요.

일반적으로 소설은 시간 순서에 따라 사건이 전개되므로 시간이 지나도 기억이 잘 납니다. 그리고 독자는 읽는 동안 인물에게 감정 이입을 하게 됩니다. 이로 인해 읽을 때의 감정도 기억에 남습니다. 책 한 권의 분량이 많더라도, 읽는 동안의 간접 경험과 읽을 때의 느낌이 함께 기억되어 전체 내용이 오랫동안 기억에 남게 됩니다.

장기기억을 하기 위해서는 책을 반복해서 읽는 것이 중요한데, '간격 두어 읽기'를 해야 집중력을 높일 수 있습니다. 하루나 이틀의 시간 간격을 두지 않고 반복해서 읽는다면 이미 알고 있는 내용이라고 생각하게 되어 집중력이 떨어지게 됩니다. '간격 두어 읽기'를 하면 시간이 지나면서 기억이 흐려질 수 있다는 것을 인지하고 더 집중하여 읽을 수 있습니다.

또한 잠을 자는 동안 단기기억에서 장기기억으로 정보가 전환되는 과정을 반복할 수 있게 되어, 전체 내용을 최대한 빠트리지 않고 기억할 수 있습니다.

책을 읽은 후에 재생하는 방법은 전체 내용을 그대로 떠올려서 발표하는 것입니다. 이를 통해 기억을 확고하게 하고, 자신이 얼마나 자세하고 정확하게 기억하고 있는지를 확인할 수 있습니다. 이 과정을 거치면 다음에 책을 읽을 때 더욱 집중해서 세세한 부분까지 기억하려는 노력을 하게 됩니다.

책의 전체 내용을 장기기억으로 저장하고 자세하게 발표하는 능력이 향상되면 요약해서 발표하기를 합니다. 요약 발표를 위해서도 전체 내용을 자세하게 알고 있어야 하며, 그중에서도 핵심 부분을 놓치지 않고 전달할 수 있어야 합니다.

책을 읽는 과정에서 집중하고 기억하는 능력은 공부에서도 그대로 드러납니다. 책을 한 번에 처음부터 끝까지 집중해서 읽는 능력이 생기면, 공부할 때도 오랜 시간 집중할 수 있게 됩니다. 또 책의 전체 내용을 잘 기억할 수 있게 되면, 공부할 때도 많은 정보를 머릿속에 저장할 수 있게 됩니다.

소설의 전체 내용을 구성대로 기억하고, 시간 간격을 두고 반복해서 읽으며, 읽은 내용을 그대로 떠올리는 과정을 통해 집중력과 기억력을 향상시키면 공부할 때 외우기 어려운 내용도 장기기억으로 저장할 수 있게 됩니다.

책의 내용을 장기기억으로 저장하기 위해 처음에는 여러 번 읽어야 하지만, 능력이 향상됨에 따라 읽는 횟수를 줄일 수 있습니다. 집중력과 기억력이 높아지면 책을 한두 번만 읽어도 장기기억으로 저장할 수 있게 됩니다.

책을 읽거나 공부한 내용을 장기기억으로 만들면 그것이 자신의 지식이 됩니다. 장기기억으로 저장해야만 필요할 때 언제든 그 지식을 활용할 수 있습니다. 이미 저장되어 있는 지식과 처음 접한 지식을 연결하면서 새로운 지식을 쌓아가는 과정이 가능해집니다.

AI 시대, 질문에 답하는 능력보다
질문하는 능력이 중요하다

중학교 1학년인 강민이는 책을 읽으면서 이해되지 않거나 궁금한 것에 질문을 던지고, 그 질문에 대한 답을 책 속에서 찾아내고 반론하는 과정을 통해 사고력이 향상되었습니다. 책을 읽고 깊이 있게 생각하는 방법을 익히면서 질문의 수준도 높아졌습니다.

책을 좋아하고 자신의 생각을 분명하게 표현하는 아이들도 책을 읽고 스스로 질문하는 것을 어려워합니다. 질문을 하려면 책의 내용에 집중하고 그 안에서 생각을 해야 하는데, 책의 내용에서 벗어난 생각을 하고는 합니다.

아이들의 사고력이 좋더라도, 사고의 수준을 높이기 위해서는 책을 읽고 스스로 질문을 던지는 과정이 필요합니다. 책을 읽고 기억을 떠올리며 질문하고 답하고 반론할 수 있어야, 더 깊이 있는 생각을 하며 자기만의 독창적인 사고력을 키울 수 있습니다.

아이들은 호기심이 많아 끊임없이 질문을 던지곤 하지만, 학년이 올라갈수록 질문에 대한 열정이 사라져 버립니다. 주어진 질문에 답하는 것만으로도 바쁜 상황에서 호기심은 사라져 버리고, 질문하는 법도 잊어버리게 되지요. 아는 것과 모르는 것을 구분하지 못하면서도 모르는 것도 안다고 생각합니다

심리학자 조지 로웬스타인은 호기심은 지식에 의해서 생겨나며, 동시에 지식의 부재에 의해 촉발된다고 합니다. 이미 알고 있는 것과 알고 싶어 하는 것 사이에 간극이 있을 때 호기심이 생기며, 이 호기심은 지식의 빈틈을 메우려는 지적 욕구가 되어 질문을 던지게 만듭니다.

AI 시대는 단순히 주어진 질문에 답하는 것을 넘어 스스로 의미 있는 질문을 만들어낼 수 있는 능력이 필수적입니다. 수준 높은 질문을 하기 위해서는 호기심이 많고 창의적으로 사고할 수 있어야 합니다. 풍부한 지식은 더 많은 궁금증을 불러일으키며 이를 위해 책을 읽고 기억하는 과정이 중요합니다. 자신이 무엇을 모르는지를 인식해야만 질문에 깊이를 더할 수 있습니다. 또한 답에 대해 비판적으로 사고하고 해석할 수 있는 능력이 필요합니다. 창의적 사고로 질문하고 또 질문할 수 있어야 다각적인 지식을 쌓을 수 있습니다.

책을 읽고 나서 그동안의 기억과 경험을 바탕으로 책에서 이해되지 않는 부분에 '왜?'라는 질문을 던질 수 있어야 합니다. 이 질문은 책에서 쉽게 답을 찾을 수 있는 단순한 질문이 아니라, 책의 내용을 떠올리며 고민해야만 답할 수 있는 질문이어야 합니다. 책의 내용을 기억하고, 그 기억을 바탕으로 질문에 대한 답을 찾은 후에도 다시 반론을 통해 고민하는 것이 필요합니다.

책을 읽고 질문을 할 때만이 아니라 답을 찾아가기 위해서도 책의 내용을 기억해야 합니다. 기억을 자세하게 할수록 깊이 있는 생각을 할 수 있으며, 이는 더 높은 수준의 질문을 가능하게 합니다. 또한 질문의 수준에 맞는 답을 찾아내기 위해서 또 더 깊이 있게 생각하는 선순환이 생기게 됩니다.

질문은 책을 읽기 전에도 할 수 있습니다. 책의 내용 소개를 보며 질문을 던지고, 그 질문을 염두에 두고 책을 읽어 가면서 질문에 대한 답을 찾아갈 수 있습니다. 이렇게 하면 생각 없이 책을 읽는 것이 아니라, 질문을 품은 채 책을 펼치고 질문에 대한 답을 찾아가며 읽는 것이므로 더 깊이 있는 독서가 가능하게 됩니다.

때로는 질문에 대한 답을 쉽게 찾지 못할 수도 있지만, 질문을 하고 답을 찾아가는 과정에서의 생각이 중요합니다. 이러한 과정을 통해 조금이라도 더 깊은 이해를 얻게 됩니다.

답하기 어려운 질문이나, 다양한 방향으로 답할 수 있는 질문에 직면할 때 더욱 많은 생각을 하게 됩니다. 질문을 던지고, 그에 대한 답을 찾고, 반론하고, 고민하는 과정을 거치면서 이해의 수준을 높일 수 있습니다. 이러한 과정에서 자신만의 독특하고 창의적인 사고를 발전시킬 수 있습니다. 질문을 던지는 능력이 있어야 답을 얻을 수 있습니다. 질문하고 답을 찾아가는 과정에서 스스로 이해하고 배우며 성장할 수 있습니다.

책의 내용을 근거로
깊이 있게 토론한다

중학교 2학년인 혁준이는 토론 수업에서 스스로 논제를 설정하며 주장에 대한 근거를 설득력 있게 펼칠 수 있게 되었습니다. 자신의 의견을 친구들에게 논리적인 근거로 전달하기 위해 고민하고, 자신이 생각하지 못한 것을 서로에게 배우는 과정을 통해 토론 실력이 올라갔습니다.

토론 활동에서는 아이들이 책을 읽고 스스로 논제를 설정하게 합니다. 본격적인 토론에 들어가기 전에 각자 토론하고 싶은 주제로 친구들과 의견을 주고받은 다음, 토론에 적합한 논제를 결정하게 됩니다. 이렇게 각각의 주제에 대해 고민하는 과정을 거친 다음 토론을 하게 되면, 정해진 논제에 대해 더욱 깊이 있게 생각하며 적극적으로 의견을 주고받을 수 있게 됩니다.

아이들마다 중요하게 생각하는 주제가 다르지만, 비슷한 환경과 경험을 공유하고 있기 때문에 자신이 생각하지 못한 주제도 공통의 관심사로서 진지하게 고민합니다. 토론의 주제를 아이들이 정하도록 함으로써 제한된 범위가 아닌 자신들이 진정으로 관심 있는 주제에 대해 고민하며 토론할 수 있게 됩니다.

아이들이 정한 토론의 논제는 책의 핵심 주제만이 아니라 주제와는 다소 거리가 있는 내용도 포함될 수 있습니다. 이는 아이들이 책의 중심 주제에 접근하는 것을 어려워하고, 주제와는 거리가 있는 이야기에 더 많은 관심을 가지는 경향이 있기 때문이지요. 그러나 아이들은 자신들이 관심을 가진 주제에서부터 시작하여 점차 책의 핵심 주제에 접근하게 됩니다.

아이들이 토론의 논제 설정뿐 아니라 토론 진행도 맡게 되면, 더욱 적극적으로 토론이 이루어지게 됩니다. 친구들과 질문하고 답하고 반론을 제기하는 과정에서 예상하지 못한 질문이나 답에 대해 고민함으로써 책의 내용을 더욱 깊이 있게 이해할 수 있게 됩니다. 토론 과정에서는 찬성과 반대의 입장을 나누어 이야기하거나, 찬반을 나누지 않고 자유롭게 의견을 주고받기도 합니다. 찬성과 반대로 나누어 토론할 때는, 찬반의 비율이 차이가 많이 나더라도 아이들이 자신의 입장을 유지해야 합니다. 찬반의 비율을 고려하여 입장을 바꾸게 되면 진정성을 가지고 진지하게 토론하는 것이 어려워질 수 있습니다.

토론에서 중요한 것은 주장보다는 그 주장에 대한 근거입니다. 비록 주장이 비슷할지라도 근거는 다를 수 있으며 근거에 대해 의견을 나누는 것이 필수적입니다. 주장이 서로 다르다는 이유로 반박하는 것이 아니라, 주장을 탄탄한 근거로 뒷받침하여 제시하는 것이 핵심입니다.

근거의 기준은 책에 있어야 합니다. 책의 범위를 벗어나 개인의 지식이나 경험을 바탕으로 의견을 주고받게 되면 책의 내용에 대한 깊은 사유를 하지 못하게 됩니다. 따라서 책을 기반으로 주장의 근거가 논리적인지, 다른 해석의 가능성은 없는지, 논리의 허점을 찾아 의견을 나누는 것이 필요합니다.

토론 활동을 통해 아이들은 책에서 놓치거나 잘못 이해한 부분을 다시 생각해 보게 되고, 자신의 의견을 더욱 논리적인 근거로 전달하기 위해 고민하게 됩니다. 토론의 논제 설정에서 진행까지 아이들이 주도하게 되면, 아이들이 토론의 주체가 되어 더욱 진지하고 활발한 토론이 이루어집니다.

쟁점이 되는 시사 읽기로
사고의 폭을 넓힌다

중학교 3학년인 민정이는 시사 수업을 통해 사회적 이슈에 대해 관심을 갖게 되었으며, 이를 통해 다양한 지식을 습득하게 되었습니다. 그동안 관심을 기울이지 않았던 사회 문제를 접하게 되면서 평소와는 다른 시각으로 바라보며 사고의 폭을 넓혀갈 수 있었습니다.

시사 수업은 아이들이 사회에서 일어나는 일들을 하나씩 알아가면서 새롭고 다양한 생각을 하는 계기가 됩니다. 아이들은 사회에 대한 관심을 가지게 되고, 알지 못했던 사실들에 대한 흥미를 갖게 되어 사고의 폭을 넓혀 나갈 수 있습니다.

시사 수업에서는 최근 사회 이슈를 중심으로 삼지만, 과거에 발생했지만 다시 주목 받는 사건들도 다루게 됩니다. 사건의 진행 과정을 이해하는 데에는 주로 시사 잡지를 활용합니다. 시사 잡지의 기사는 신중하게 진행되는 기획부터 취재 과정을 통해 사건의 배경이나 과정을 상세히 제시합니다. 신문의 경우, 짧은 내용 전달에 초점을 둔 기사가 아닌 사건을 상세히 취재하여 작성한 기사를 활용합니다. 또한 시사 잡지나 신문 기사 외에도 탐사 취재를 통해 사건의 전후 상황을 자세하게 보여주고, 다양한 생각을 하게끔 도와주는 시사 프로그램이나 다큐멘터리도 활용합니다.

아이들은 대부분 사회적 이슈에 대해 별다른 관심이 없어 사회에서 어떤 일들이 벌어지고 있는지조차 모릅니다. 이런 상황에서 아이들에게 주제를 생각해 보라고 하면 대부분 학교에서 다뤘던 주제를 다시 꺼내거나, 생각나는 주제가 없다는 반응을 보이고는 하지요.

그렇기에 우선적으로 아이들에게 사회에서 발생하고 있는 사건들에 대해 객관적으로 알려주는 것이 중요합니다. 최근에 일어난 사건들을 중심으로 아이들이 관심을 가질 수 있는 다양한 이슈들을 선별하고 소개하며, 그중에서 선택할 수 있게 도와줍니다. 아이들이 각자 관심 있는 주제를 선택하는데, 때로는 동일한 이슈로 의견을 모으기도 합니다. 선택한 이슈에 대해 단 한 가지 출처만 참조하는 것이 아니라, 사건의 맥락을 자세하게 살펴볼 수 있도록 여러 잡지나 기사를 읽도록 합니다.

시사 수업도 수업 전 준비 과정이 중요합니다. 선택한 잡지나 기사 또는 영상을 통해 사건의 전반적인 맥락을 파악하고, 그에 대한 개인적인 생각을 가지고 있어야 합니다. 시사 수업 시간에는 각자가 준비해 온 주제에 대해 발표하고, 질의응답하는 시간을 가집니다. 그 후에는 모두가 한 가지 논제에 대해 의견을 모으고 토론에 참여합니다. 준비한 주제에 대해 충분히 이해하고 있을수록 그 주제에 대한 자신의 생각도 명확해지며, 이는 토론의 질을 높여줍니다.

아이들은 수업 전에 제시된 여러 이슈 중에서 자신이 흥미 있는 주제를 선택하기 때문에 친구들과 주제가 다를 수도 있지만, 친구들의 발표와 토론을 통해 다른 주제에 대한 관심도 자연스럽게 생깁니다. 모두가 같은 이슈에 대해 의견을 모은 경우, 그 이슈에 대해 각자 많은 정보를 가지고 있기 때문에 친구들의 다양한 관점을 듣고 더 깊이 있는 토론을 할 수 있습니다. 아이들은 다양한 이슈를 선택하고, 자신과 다른 주제를 선택한 친구들의 발표를 듣고 질문하며 배우는 과정을 즐기지요.

시사 수업에서 처음에 주제 관련 기사를 읽을 때, 내용이 낯설거나 이해하기 어려울 수 있습니다. 하지만 관련 기사를 읽고 사건의 맥락을 파악하게 되면서 이해하는 것이 쉬워집니다.

시사 수업은 아이들에게 이전에는 관심 없었던, 또는 알지 못했던 사회의 다양한 이슈들에 대한 관심을 불러일으킵니다. 현재 진행 중인 사건들을 중심으로 다루므로 아이들이 더욱 흥미를 느낍니다. 사회에서 일어나는 일들을 무심히 지나치지 않고, 시사 수업을 통해 사회 문제에 대한 관심을 갖고 사고의 폭을 넓혀 나갈 수 있습니다.

아이의 시각으로
글을 쓰고 생각하고 고쳐야 한다

중학교 3학년인 석훈이는 자신의 생각을 '생각'하며 글을 쓰게 되면서 자연스럽게 글을 잘 쓸 수 있게 되었습니다. 책을 읽고 깊이 있게 고민하며 글을 쓰는 과정을 통해 독후감만이 아니라 어떤 주제에 대한 글이든 자신감을 가지고 쓸 수 있게 되었습니다.

부모님들은 아이들이 글을 쓸 때 생각을 체계적으로 정리하고, 그것을 형식에 맞춰서 매끄럽게 쓸 수 있도록 지도하고는 합니다. 초등학교 4학년인 해정이 부모님은 아이가 쓴 글을 형식에 맞게 고쳐주고 그대로 다시 쓰게 합니다. 6학년인 채원이의 부모님은 매주 형식에 맞춰 독후감 두 편을 쓰게 하고, 5학년인 유주의 부모님은 어색한 문장 표현을 고쳐 주고 옮겨 쓰게하거나 신문 사설을 베껴 쓰도록 합니다.

하지만 이런 방법으로 글쓰기 지도를 하는 부모님들도 이것이적절한 방법인지에 대한 고민을 합니다. 아이들의 글이 개선되는 것 같지만, 아이들이 내용보다 형식에만 의존하는 것을 보면 이것이 옳은 방법인지 의문이 듭니다. 글쓰기 지도가 결국 틀에 갇힌, 정형화된 글쓰기를 유도하는 것은 아닐까 우려하게 됩니다.

아이들이 자신의 글을 평가받게 되면 글을 쓸 때마다 자기 검열을 하게 됩니다. 맞춤법이나, 문장의 호응, 생각의 표현 등을 고민하게 되면서 글쓰기가 더욱 힘겨워집니다. 당장은 글이 잘 써진 것처럼 보일지라도 그것은 아이들의 생각이 아니라 어른들이 원하는 형식에 맞춘, 어른들의 생각이 주를 이루게 됩니다. 이런 방식은 오히려 아이들을 글쓰기로부터 멀어지게 만듭니다.

글을 평가하는 기준은 주관적이기 때문에 아이들도 그 기준을 받아들이기 어렵습니다. 5학년인 동혁이는 부모님이 가르쳐 주시는 글쓰기 방식을 수긍하지 못해 왜 꼭 그렇게 써야 하는지 되묻습니다.

아이들에게는 자신의 생각을 글로 표현하는 것이 어려울 때가 많습니다. 아이들은 어른들처럼 일관된 견해를 가지고 있거나 정해진 기준에 따라 생각하는 것이 아니라, 생각의 중심을 찾아가는 과정에 있습니다. 읽은 책이나 그때의 상황에 따라 생각이 바뀌기 때문에 생각을 표현하는 것이 더 어려울 수밖에 없습니다.

아이들은 책이나 상황에 따라, 때로는 입장을 바꿔가며 고민하는 기회가 필요합니다. 아이들에게는 생각을 고민하고 그것을 글로 표현하는 것은 매우 어려운 일이며, 그것을 형식에 맞추어 표현하는 것은 더욱 어려운 일입니다.

물론 형식에 맞고 군더더기 없이 매끄럽게 쓴 글이 '잘 쓴 글'이라고 할 수 있습니다. 그러나 형식에 어긋나고 어색한 표현이더라도 생각을 표현하기 위해 노력하는 것이 중요합니다. 글쓰기를 어려워하는 아이들은 문장 한 줄을 쓰는데도 지우고 다시쓰는 과정을 반복합니다. 그렇게 완성된 문장도 어색하기만 합니다. 그럼에도 아이들은 그 한 줄을 쓰기 위해 고민하고 또 고민합니다.

비슷한 문장이 반복되더라도 아이들에게는 그것이 다른 표현입니다. 생각이 많으면 문장도 더 어색해집니다. 어색하고 이해하기 어려운 문장이지만, 그 속에는 아직 표현하지 못한 생각들이 들어 있습니다. 그런 노력을 한 아이들이 누군가에게 '말이 안 된다'고 평가받으면 더 이상 생각하지 않게 됩니다. 말이되게 표현하려면 생각하거나 고민하지 않고 그저 '참 재미있다'라고만 써도 그만이지요.

생각을 정리하고 형식에 맞추어 쓰는 것보다는 사고력을 키우는 것이 중요합니다. 생각을 잘 정리하고 형식에 맞추어 표현한다고 해서 사고력이 올라가지는 않습니다. 사고력이 향상되면 자신의 생각을 정리하고 표현하는 것은 자연스럽게 수월해집니다.

질문독서 수업에서 독후감 활동을 할 때 우선적으로 아이들이 스스로 책을 선택하고, 자신의 생각을 자유롭게 표현할 수 있도록 합니다. 또한 글을 한 번에 완성하는 것이 아니라, 자신의 글을 스스로 수정하고 생각을 추가하며 여러 번에 걸쳐 검토하는 기간을 가집니다.

독후감을 작성하는 과정에서 아이들은 질문을 던지고 답을 찾고 반론도 제기하면서 생각을 깊이 있게 펼칩니다. 일상적인 독서 수업에서 아이들이 책을 읽고 생각하면서 스스로 질문을 던지고 답을 찾는 과정에 익숙해지면, 독후감을 작성할 때에도 자연스럽게 질문을 던집니다.

아이들이 독후감을 쓸 때 일반적으로 단순한 느낌이나 판단으로 생각을 정리하게 되지만, 질문을 던지면 왜 그런 생각이 들었는지 책의 내용을 깊이 있게 들여다보게 됩니다. 질문을 던지게 되면, 책의 내용을 벗어나 산만하게 퍼져 나가던 생각들이 다시 책으로 돌아옵니다. 답을 찾기 위해서도 책의 전체적인 상황을 고려하며 고민하게 되고, 책의 인물이 처한 상황을 되짚어 보며 그들의 행동을 이해하려는 노력을 합니다. 그리고 답을 찾은 후에도 다시 반론하며 생각을 전개해 나갑니다.

단순히 글을 여러 편 쓰는 것보다 생각을 '생각'하며 한 편의 글을 여러 번 고쳐 쓰는 것이 더 중요합니다. 독후감 활동에서 생각을 고치거나 추가하며 여러 번 수정하려면, 평소보다 높은 수준의 집중력과 사고력이 필요합니다.

책을 읽고, 그 내용을 기억하고, 생각을 깊이 하며 글을 쓰는 연습을 하면 독후감뿐 아니라 다른 분야의 글쓰기에도 어려움을 느끼지 않게 됩니다. 독후감이든 다른 형식의 글이든, 글을 쓰려면 먼저 생각이 있어야 하고, 생각을 가지려면 평소에 책을 읽고 그 내용을 기억에 저장해 두어야 합니다. 기억을 떠올릴 수 있어야 생각을 할 수 있고, 기억이 많아질수록 생각에도 깊이가 생깁니다. 독자에게 자신의 논리나 생각이 잘 전달될 수 있도록 자신의 생각을 표현하는 과정은 글의 분야에 상관없이 모두 비슷합니다. 따라서 이러한 과정을 반복할수록 글쓰기 능력은 더욱 향상됩니다.

글은 자신의 생각을 자유롭게 표현할 수 있는 장입니다. 마음껏 표현해 본 경험이 없는 상태에서는 글을 잘 쓰기 어렵습니다. 생각이 있어야 그것을 정리할 수 있고, 글의 형식에 맞춰 표현할 수 있습니다. 자신의 생각을 '생각'하며 사고력을 키우는 것이 중요합니다.

질문을 '질문'하며
반론을 제기하는 능력을 키운다

고등학교 1학년인 지우는 독후감을 쓸 때, 학년이 올라가면서 더 많이 고민하며 높은 단계에서 사고를 전개해 나갔습니다. 판단 또는 해석으로 생각을 단순히 정리하는 단계에서, 질문하고 답하고 반론하며 깊이 있는 사고를 하는 단계로 나아갔습니다.

독후감을 작성하는 방식은 아이들의 성향과 수업의 진행 상황에 따라 다르게 나타납니다. 일반적으로 보면 감정이나 판단 위주로 생각을 정리합니다. 그리고 사고력이 올라가면서 질문을 던지고, 그에 대한 답을 하고, 대답에 반론을 제기하는 방식으로 발전해 갑니다.

질문독서 수업에서 아이들이 쓴 글을 대략적으로 4단계로 분류해 볼 수 있습니다. 1단계는 느낌이나 판단 위주로 생각을 정리하거나 단순하게 해석하는 것입니다. 2단계는 고민을 하며 질문을 던지기 시작하는 것입니다. 3단계는 질문을 던지고 그에 대한 답을 하며 생각을 전개하는 것입니다. 마지막으로 4단계는 질문을 던지고 답을 하고, 그에 따른 반론을 제기하며 생각을 이어가는 것입니다.

고등학교 1학년인 지우는 중학교에서 고등학교로 올라가면서 생각의 깊이와 범위가 확대되었습니다. 중학교 1학년과 2학년 때 쓴 글은 1단계와 2단계에 해당하는 경우가 많았고, 중학교 3학년과 고등학교 1학년 때 쓴 글은 대부분 3단계와 4단계에 속합니다.

이 4단계 분류의 의미는 글 자체의 평가라기보다, 성장의 과정을 보여주는 것입니다. 글쓰기 연습 과정에서 단계가 올라갈수록 더 깊은 생각이 요구된다는 점에서 4단계를 가장 높은 단계로 분류했습니다. 독서 지도 방법에 따라 수업 초기부터 1단계에서 4단계의 과정을 모두 보여줄 수도 있지만, 같은 단계라 하더라도 학년이 올라감에 따라 생각의 깊이는 달라지는 것이지요.

글을 쓸 때 질문의 형식보다 내용이 중요하긴 하지만, 질문하고 답하며 반론을 제기하는 과정은 사고력을 발전시킵니다. 사고력이 향상되면 질문을 하든 하지 않든 글의 수준도 자연스럽게 높아집니다. 질문의 유무를 떠나 내용만으로 잘 쓴 글을 평가하고자 한다면 그에 맞는 적절한 기준이 필요합니다. 다만 중요한 것은 글을 작성할 때 깊이 있게 고민하며 쓰는 것입니다.

지우의 독후감

고등학교 1학년인 지우는 중학교 1학년 때 1단계와 2 단계로 글을 썼습니다. 2학년 때는 1단계, 2단계, 3단계로 발전해 나갔습니다. 3학년 때는 주로 3단계와 4단계로 글을 작성했습니다. 고등학교 1학년 때 역시 주로 3단계와 4단계의 글을 작성했습니다. 지우가 중학교에서 고등학교 때 쓴 독후감 중에서 성장하는 과정을 단계별로 살펴보기 위해 1단계, 2단계, 3단계, 4단계에 해당하는 문단을 하나씩 선정했습니다.

1단계: 판단이나 해석하기

할아버지의 그림을 완성하고 싶어서 열심히 할아버지와 그림을 완성한 소녀를 보고 소녀가 할아버지를 사랑하는 마음이 정말 크다는 것을 느꼈고 나도 그런 점을 본받고 싶었다.

- 중학교 1학년 때 쓴 독후감 중의 한 문단

1단계는 판단이나 해석하는 단계입니다. 중학교 1학년 때 쓴 독후감에서는 '사랑하는 마음이 크다'는 판단과 '그런 점을 본받고 싶다'는 느낌을 통해 생각을 단순하게 정리했습니다.

2단계: '왜'라고 질문하기

나는 왜 동구가 야구에 대해서 흥미를 잃은 푸름이에게 위로의 말을 전하지 않았는지 궁금하다. 푸름이는 동구와 처음부터 같이 시작하였는데, 아무리 열심히 해도 야구 실력이 늘지 않아 자존감이 떨어져서 야구를 포기하게 되었는데, 푸름이가 포기를 하기 전에 동구가 따뜻한 위로의 말을 전하고 용기를 내게 도와주면, 푸름이가 야구를 포기하지 않게 될 수도 있을 텐데 그렇게 하지 않아서 아쉽다.

- 중학교 2학년 때 쓴 독후감 중의 한 문단

2단계는 '왜'라는 질문을 던지는 단계입니다. 중학교 2학년 때 쓴 독후감에서는 '왜 위로의 말을 전하지 않았는지 궁금하다'라는 질문을 던졌습니다. 그러나 이 질문에 대한 답은 하지 않고 다른 상황을 가정했습니다.

3단계: 질문하고 답하기

연습생 생활 처음부터 자신의 좋은 실력을 보여주고 열심히 연습하면, 다른 연습생들에게 인정을 받고 무시나 시기를 덜 받을 텐데 왜 그러지 않았을까? 의찬이도 인정받고 싶어서 연습과 노력을 많이 하였지만, 오랫동안 연습해 온 다른 사람들과 연습생 기간이 길지 않은 의찬이와의 실력 차이는 너무나도 컸다. 그리고 의찬이가 무시 받은 것은 실력뿐만 아니라 제대로 된 오디션을 보지 않았기 때문이다.

- 중학교 3학년 때 쓴 독후감 중의 한 문단

3단계는 질문을 던지고 답하는 단계입니다. 중학교 3학년 때 쓴 독후감에서는 '왜 그러지 않았을까?'라는 질문을 던지고, 그에 대한 답으로 '실력 차이가 컸다'와 '오디션을 보지 않았기 때문이다'라는 두 가지 답을 제시했습니다.

4단계: 질문하고 답하고 반론하며 이어가기

왜 몰리는 해너가 자신의 페이스북 계정을 몰래 보았을 때 크게 화를 냈을까? 해너도 알고 있는 페이스북 계정을 사용했으면 해너도 알 수도 있다는 생각은 못 한 걸까? 몰리는 자신의 비밀을 몰래 알아내니깐 창피하고 기분이 나빠서 크게 화를 내고 해너가 페이스북 비밀번호를 알아낼 것이라고 생각하지 못했을 것이다. 하지만 해너가 몰래 알아낸 것이지만 말하고 싶었던 비밀을 알아내서 기분이 편안하고 더 가벼울 수도 있지 않을까? 몰리가 비밀을 말하려고 했지만 이렇게 갑작스럽게 밝히는 것은 원치 않았고 자신을 훔쳐본다고 생각해 기분이 나쁠 수 있다.

- 고등학교 1학년 때 쓴 독후감 중의 한 문단

4단계는 질문하고 답하고, 그에 대한 반론을 제시하며 생각을 이어가는 단계입니다. 고등학교 1학년 때 쓴 독후감에서는 '왜 화를 냈을까?'라는 질문과 '생각은 못한 걸까?'라는 질문을 던졌습니다. 그에 대한 답으로 '창피하고 기분이 나빠서 화를 냈을 것이다'와 '비밀번호를 알아낼 것이라고 생각을 못했을 것이다'라는 답을 제시했습니다. 그리고 이에 대한 반론으로 '하지만 더 가벼울 수도 있지 않을까?'라는 질문을 하고, 그에 대해 '원치 않았고, 기분이 나쁠 수 있다'라는 답을 했습니다. 이는 한 가지 생각을 깊이 있게 전개하고 있는 과정을 보여줍니다.

책의 한 장면을
또렷하게 표현하게 한다

초등학교 6학년인 민우는 책의 전체적인 내용을 자세하게 기억하지 못하지만, 일부 장면은 기억을 잘할 수 있다고 자신합니다. 그러나 장면 역시 자세하게 떠올리지 못합니다. 친구 성은이는 전체 내용도 자세하게 기억하고, 세부적인 장면도 자세하게 떠올립니다. 다른 친구 동석이는 전체 내용을 자세하게 기억하는 것처럼 보이지만, 정확성이 부족하고 장면 역시 정확하지 않으며 의미를 다르게 바꿉니다.

아이들이 책의 내용을 자세하고 정확하게 기억하고 이해하는지 면밀히 살펴보고, 책을 읽을 때 집중하는 능력을 높여주기 위해 '장면 떠올리기' 활동을 합니다. 이 활동에서는 책의 전체 내용 중 한두 장면을 읽어주고, 그 장면을 그대로 기억하도록 합니다.

아이들은 전체는 내용이 많아 기억하기 어렵지만, 장면은 짧기 때문에 기억을 잘할 수 있을 것이라는 생각을 합니다. 하지만 대부분의 경우 전체 내용을 자세히 기억하지 못하면 장면도 명확히 떠올리지 못합니다.

아이들은 '장면 떠올리기' 활동을 통해 자신이 생각했던 것보다 많은 부분을 놓치고 있고 순간적인 집중만으로는 충분하지 않다는 사실을 알게 됩니다. 그 결과 다음 번 책을 읽을 때 좀 더 집중하려는 의지가 생깁니다.

6학년인 민우는 책에 집중하지 못하고 대충 건너뛰며 읽습니다. 그래서 전체 내용을 발표할 때, 장면들을 자연스럽게 연결시키지 못하고 기억이 나지 않아 멈추는 경우가 많습니다. 이러한 경향은 '장면 떠올리기' 활동에서도 그대로 나타납니다. 민우는 '장면 떠올리기'에서도 집중할 수 있는 시간이 짧고 기억할 수 있는 정보의 양도 적기 때문에 장면의 후반부로 갈수록 더 기억을 하지 못합니다.

성은이는 책을 집중해서 읽으며 자세히 기억하려는 노력을 합니다. 전체 발표도 자세히 하며 '장면 떠올리기'에서도 자세하게 기억합니다. 들려준 장면의 내용이 많더라도 이미 기억하고 있는 내용에 상세한 정보를 추가해 정확도를 높이지요. 가끔 '장면 떠올리기'에서 집중하기 어려운 상황에 놓일 때가 있지만, 그럼에도 성은이는 전반적으로 기억을 잘해 냅니다.

한편 동석이는 책을 읽는 동안 집중하지 못합니다. 전체 발표도 자세하게 기억하는 것 같지만 정확도가 부족하며, '장면 떠올리기'에서도 정확하지 않습니다. 동석이는 단어나 문장을 그대로 기억하지 못하고 의미를 다르게 바꿉니다. 동석이는 책을 읽는 시간이 부족하여 한 번에 책을 다 읽지 못하고 여러 날에 걸쳐 읽습니다. 이런 상황에서 책을 읽는 재미가 감소하고, 전체적인 흐름이나 맥락을 잃어버리게 되어 자세하게 기억하는 것이 어려워집니다.

아이들은 책을 읽거나 장면을 들을 때 비슷한 수준으로 집중합니다. 그렇기 때문에 전체 기억과 장면 기억은 대체로 비례합니다. 책을 처음부터 끝까지 집중해서 읽으며, 전체 내용을 자세하게 기억하려는 노력을 해야 합니다. 책 읽기에 집중해야 전체 내용도 자세하게 기억하고, 장면도 명확하게 떠올릴 수 있습니다. 단어나 문장을 그대로 기억하지 못하고 다르게 바꾸면, 그 의미도 함께 바뀌게 됩니다. 책의 전체 내용을 자세하게 기억하려는 노력을 통해 책에 담긴 의미를 이해할 수 있습니다.

초등학교 6학년 아이들에게 책의 전체 내용을 발표하게 한 후, 그 책에서 한두 장면을 들려주고 기억나는 대로 작성하도록 했습니다. 책의 장면을 얼마나 자세하고 정확하게 기억하는지 살펴보기 위해 장면에서 '핵심 단어'를 선정하여 기억하는지 확인했습니다. 정확하지는 않더라도 의미를 왜곡하지 않고 비슷하게 재현한 경우에도 기억을 한 것으로 간주했습니다.

책의 장면은 한 번에 읽어 주었지만, 분석을 쉽게 하기 위해 장면의 문장마다 번호를 부여했습니다. 정확하게 기억한 핵심 단어는 굵은체로, 비슷하게 재현한 단어는 기울임체로, 의미가 바뀐 단어는 밑줄로 표시했습니다.

장면 떠올리기 1

원문	1. **담벼락**을 따라 걷다 보니 어느 지점부터인가 **담의 키**가 낮아지면서 **길**이 넓어지고 **자그마한 광장**이 눈앞에 펼쳐졌다. 2. **광장 가운데에는 둥근 연못**이 있고 연못 중앙에 **하프를 연주하는 여인의 조각상**이 있었다. 3. 그리고 조각상 주변으로 **가는 물줄기**들이 뿜어져 나왔다. 4. 담장이 끝나는 곳에 **금빛 쇠 장식**으로 꾸며진 로코코 스타일의 **커다란 문**이 있었다.	10개

이민우	1. **담**을 따라 걷다 보니 어느 순간부터 **담**이 낮아졌다. 담 안을 들여다보니 <u>놀라운 광경</u>이 펼쳐졌다. 2. 담 안은 중앙에 **연못**이 있었고 **하프를 연주하는 여인의 조각상**이 있었다. 3. 기억 못 함 4. 기억 못 함	4개
최성은	1. **담벼락**을 따라 걸어가니 정문 근처에서 **담벼락의 높이**가 낮아지고 **길**이 넓어졌다. 담벼락 뒤에는 **조그만 광장**이 있었고 2. **광장 가운데**에는 **커다란 연못**이 있었다. 연못에는 **하프를 연주하는 조각상**이 있었고 3. 그 옆에는 **가는 물줄기**가 뿜고 있었다. 4. 그 앞쪽에는 **쇠 장식**의 **커다란 문**이 있었다.	10개
박동석	1. 높은 **담**을 지나다 보면 어느 지점부터 **담의 높이**가 줄어든다. 2. 그리고 담 중앙에는 <u>큰 호수</u> 하나가 있다. 그리고 그 호수에는 *하프를 부는 한 여인의 조각상*이 있었다. 3. 그 여인의 조각상 주위로 *얇은 물줄기*가 뿜어져 나왔다. 4. 그리고 담을 나가는 **문**에 <u>금빛 보석</u>이 달려있었다.	5개

'장면 떠올리기 1'에서 민우는 네 문장 중 1번과 2번 문장은 기억했지만, 3번과 4번 문장은 기억하지 못했습니다. 10개의 핵심 단어 중 4개를 떠올렸으며, 그중 1개는 정확하게, 나머지 3개는 비슷하게 기억했습니다. 그 외 언급한 2개의 단어는 의미를 변경했습니다.

민우는 2번 문장의 '하프를 연주하는 여인의 조각상'을 정확하게 기억했습니다. 1번 문장의 '담벼락'을 '담'으로, '담의 키'를 '담'으로, 2번 문장의 '둥근 연못'을 '연못'으로 비슷하게 기억했습니다. 그리고 1번 문장의 '자그마한 광장'은 '놀라운 광경'으로, 2번 문장의 '광장 가운데'는 '중앙'으로 의미를 변경했습니다.

성은이는 네 문장을 모두 기억했고, 전반적으로 자세하게 떠올렸습니다. 10개의 핵심 단어를 모두 기억했으며, 그중 5개는 정확하게, 5개는 비슷하게 기억했습니다. 성은이는 문장을 듣고 작성할 때, 1번 문장과 2번 문장의 앞부분을 합쳐서 작성하고, 2번 문장의 뒷부분과 3번 문장을 합쳐서 작성했으나, 알아보기 쉽도록 책의 원문에 따라 문장을 구분하고 번호를 부여했습니다.

성은이는 1번 문장의 '담벼락', '길', '광장 가운데', 3번 문장의 '가는 물줄기', 4번 문장의 '커다란 문'을 정확하게 기억했습니다. 1번 문장의 '담의 키'를 '담벼락의 높이'로 '자그마한 광장'을 '조그만 광장'으로, 2번 문장의 '둥근 연못'을 '커다란 연못'으로 '하프를 연주하는 여인의 조각상'을 '하프를 연주하는 조각상'으로, 4번 문장의 '금빛 쇠 장식'을 '쇠 장식'으로 비슷하게 기억했습니다.

동석이는 네 문장을 모두 언급했지만, 핵심 단어의 정확성은 떨어집니다. 10개의 핵심 단어 중 5개를 기억했으나, 그중 어느 것도 정확하게 기억하지 못하고 모두 비슷하게 기억했습니다. 그 외 언급한 3개의 단어는 의미가 변경되었습니다.

동석이는 1번 문장의 '담벼락'을 '담'으로 '담의 키'를 '담의 높이'로, 2번 문장의 '하프를 연주하는 여인의 조각상'을 '하프를 부는 한 여인의 조각상'으로, 3번 문장의 '가는 물줄기'를 '얇은 물줄기'로, 4번 문장의 '커다란 문'을 '문'으로 비슷하게 기억했습니다. 그리고 2번 문장의 '광장 가운데'를 '담 중앙'으로, '둥근 연못'을 '큰 호수'로, 4번 문장의 '금빛 쇠 장식'으로 꾸며진 것을 '금빛 보석'이 달려있었다는 것으로 변경하여 의미를 바꾸었습니다.

장면 떠올리기 2

원문	1. **봄**에 **흰 꽃**이 피는 아름다운 **산사나무**는 꽃이 핀 자리마다 **콩알만 한 연둣빛 열매**를 맺고, **가을**이면 **검붉게** 익는다. 2. **산사 열매**는 **꿀**에 절이거나 **화채**를 만들고, **술**을 빚거나 **차**로 달여 마시며, **탕**이나 **죽**도 만들어 먹는다. 3. **햇볕**에 말린 열매를 **산사자**라 하는데, **위**와 **장**을 튼튼히 해 주며 그 밖에 여러 가지 병에 요긴한 **약**으로 쓰인다.	18개
이민우	1. **봄**에 **흰 꽃**을 피우는데 꽃이 지면 *완두콩만 한 열매*가 생긴다. **가을**이 되면 **검붉게** 익는데 2. **꿀**에 절여 **화채**로 먹거나 **술**을 빚기도 하고 **탕**이나 **죽**으로 먹기도 한다. 3. 또 말리면 **산사자**라고 부르는데 <u>두통</u>이나 다른 병에 요긴하게 쓰인다.	11개
최성은	1. **산사나무**의 열매는 **연둣빛**이 돌다가 **가을**쯤엔 **검붉은 색**으로 익는다. 2. 산사나무에서 열리는 **산사 열매**는 열매를 달여 <u>청</u>을 만들 수도 있고 **꿀**을 만들고 **차**도 만들어 타 먹을 수 있었다. 3. 산사나무에서 열린 열매를 **햇볕**에 말린 것을 **산사자**라고 하는데 산사자는 **약**으로 쓰여 **장**을 튼튼하게 하여 많이 찾는 열매였다.	11개
박동석	1. <u>산사나무</u>는 <u>여름</u>이 되면 <u>노란 봉우리들</u>이 맺고 봄이 되면 <u>붉은 꽃</u>들이 맺는다. 2. 또 산사나무의 꽃들은 <u>술</u>을 만들거나 약을 만들 때도 쓰인다. 3. <u>산사제</u>는 **햇볕**에 말린 산사나무의 꽃으로 만든 것이다. 이 산사제는 <u>차</u>로 마시기도 하며 필요할 땐 **약**으로 쓴다.	4개

'장면 떠올리기 2'에서 민우는 세 문장을 모두 언급했지만, '장면 떠올리기 1'과 비슷한 양상으로 뒷부분으로 갈수록 자세하게 기억하지 못했습니다. 18개의 핵심 단어 중 11개를 기억했습니다. 그중 10개는 정확하게 기억하고, 1개는 비슷하게 기억했습니다. 그 외 1개 단어를 언급했지만, 의미를 바꾸었습니다. 민우는 1번 문장과 2번 문장을 합쳐서 작성했는데, 책의 원문에 따라 문장을 구분하고 번호를 부여했습니다.

민우는 1번 문장의 '봄', '흰 꽃', '가을', '검붉게', 2번 문장의 '꿀', '화채', '술', '탕', '죽', 3번 문장의 '산사자'를 정확하게 기억했습니다. 1번 문장의 '콩알만 한 연둣빛 열매'를 '완두콩만 한 열매'로 비슷하게 기억했습니다. 그리고 3번 문장의 '위'와 '장'을 '두통'으로 의미를 변경했습니다.

성은이는 세 문장을 모두 기억했습니다. 전체적으로 '장면 떠올리기 1'에 비해 기억을 많이 하지 못했는데, '장면 떠올리기 2'를 점검하기 전에 다른 장면 점검이 있었기 때문입니다. 성은이는 기억을 잘해서 친구들보다 작성할 내용이 많습니다. 처음에 들은 장면을 가장 많이 기억하고 가장 늦게까지 작성하는데, 바로 다음 장면을 듣게 되면 다른 친구들처럼 여유롭게 듣는 것이 아니라 바로 집중해야 해서 앞부분을 놓치게 됩니다. 그럼에도 핵심 단어 18개 중 11개를 기억했습니다. 그중 8개는 정확하게 기억하고, 3개는 비슷하게 기억했습니다. 그 외 언급한 1개 단어는 의미를 변경했습니다.

성은이는 1번 문장의 '산사나무', '가을', 2번 문장의 '산사열매', '차', 3번 문장의 '햇볕', '산사자', '약', '장'을 정확하게 기억했습니다. 1번 문장의 '콩알만 한 연둣빛 열매'를 '연둣빛으로, '검붉게'는 '검붉은 색'으로, 2번 '꿀'은 정확하지만 '꿀'에 절이거나를 '꿀'을 만들고로 바꾸어 비슷하게 기억했습니다. 그리고 2번 문장의 '화채'를 '청'으로 의미를 변경했습니다.

동석이는 세 개 문장을 다 언급했지만, '장면 떠올리기 1'보다 자세하게 기억하지 못했고, 문장의 의미도 많이 바뀌었습니다. 핵심 단어 18개 중 4개를 기억했는데, 그 4개의 단어도 문맥을 고려하면 의미가 정확하지 않습니다. 그 외 언급한 7개의 단어도 의미가 바뀌었습니다.

　동석이는 1번 문장의 '산사나무', 2번 문장의 '술', 3번 문장의 '햇볕', '약'을 기억했는데, 문장의 맥락으로 보면 정확하지 않습니다. 1번 문장의 '산사나무'의 열매를 '산사나무'의 봉우리로, 2번 문장에서 산사 열매로 '술'을 빚거나 '차'를 달인다고 한 것을, 산사나무 꽃으로 '술'이나 '약'을 만드는 것으로, 3번 문장에서 '햇볕'에 말린 열매로 '약'을 만든다고 한 것을, '햇볕'에 말린 산사나무의 꽃으로 '차'나 '약'을 만드는 것으로 의미를 바꾼 것입니다. 그리고 1번 문장의 '봄'을 '여름'으로, '콩알만 한 연둣빛 열매'를 '노란 봉우리'로, '가을'을 '봄'으로, '검붉게' 익는다를 '붉은 꽃'들이 맺는다로, 2번 문장의 '산사 열매'를 '산사나무의 꽃'으로, 3번 문장의 '산사자'를 '산사제'로 의미를 변형했습니다.

처음 기억이 단단해야
장기기억으로 이어진다

초등학년 4학년인 재우는 책을 읽고 처음부터 정확하게 기억한 단어는 시간이 지나도 잘 기억합니다. 그러나 처음에 기억을 정확하게 하지 못한 단어는 나중에 잘 기억해 내지 못합니다. 6학년인 승호도 처음에 자세하게 기억한 문장은 시간이 지난 후에도 기억합니다. 그런데 문장을 외워서 기억한 친구들은 나중에 기억을 잘하지 못합니다.

아이들이 책의 내용을 잊어버리지 않고 오랫동안 기억하는지 살펴보고, 장기기억 능력을 높여주기 위해 '단어 장기기억'과 '문장 장기기억' 활동을 합니다. 이 활동에서는 책에 나오는 단어나 문장을 기억해 보도록 하며, 사전 준비 없이 기억을 떠올려 보기도 하고 별도로 기억할 시간을 주기도 합니다.

초등학교 4학년 수업에서 '단어 장기기억'은 세 번의 점검을 통해 이루어졌으며 이는 책 전체 발표 후 바로, 그리고 수업한 날로부터 1주와 3주가 지난 후에 각각 이루어졌습니다. 6학년 수업에서 '문장 장기기억'은 책의 전체 발표를 한 후 바로, 그리고 수업한 날로부터 2주가 지난 후에 다시 한 번 이루어졌습니다.

초등학교 4학년인 재우는 '단어 장기기억' 활동에서 처음에 정확하게 기억한 단어는 시간이 지나도 정확하게 기억했습니다. 반면에 처음에 제대로 기억하지 못한 단어들은 시간이 지나면서 잊어버리거나 다른 단어로 바꾸는 경우가 있었습니다. 처음에 기억이 흐릿하면 시간이 지나가면서 더 혼동되거나 기억에서 쉽게 사라지는 것을 확인할 수 있지요.

6학년 아이들의 '문장 장기기억' 활동에서는 책 전체 발표 후 바로 기억을 떠올리는 것이 아니라, 핵심 문장을 기억할 수 있는 시간을 따로 주었습니다. 그런 다음 그 문장을 떠올려서 작성하고, 2주가 지난 후에 다시 한 번 기억을 떠올려 보도록 했습니다.

6학년인 승호는 책을 여러 번 읽습니다. 첫 번째 '문장 장기기억' 활동을 한 날, 전체 발표도 자세하게 했고, '문장 장기기억'에서도 모든 문장을 의미를 변형시키지 않고 비슷하게 기억했습니다. 동우는 책을 한 번 읽는데 단순암기에는 능숙합니다. 전체 발표는 자세하게 하지 못했지만, '문장 장기기억'은 준비 과정에서 주어진 시간을 활용해 모든 문장을 기억했으며 그중 많은 문장을 정확하게 기억했습니다. 성현이는 책을 한 번만 읽고 단순 암기에 약합니다. 전체 내용을 자세하게 기억하지 못했고, '문장 장기기억'에서도 기억하지 못한 문장이 있습니다. 언급한 문장을 대부분 비슷하게 기억했지만, 단어를 바꾸거나 책에 없는 문장을 추가하기도 했습니다.

2주가 지난 후, 승호는 일부 문장을 제외하고 대부분 기억했습니다. 반면 동우는 처음에 비해 많은 문장을 기억하지 못했습니다. 성현이도 문장을 많이 기억하지 못했고, 단어를 바꾸거나 책에 없는 문장을 추가하기도 했습니다.

승호는 처음에 책을 여러 번 읽어 자세하게 기억하고 있는 상태에서 '문장 장기기억' 활동을 준비하며 기억이 더 강화되었습니다. 그래서 2주가 지난 후에도 대부분을 기억할 수 있었습니다. 반면 동우는 책의 전체 내용을 흐릿하게 기억하는 상태에서 수업 시간에 단순 암기한 것이기 때문에 2주가 지나자 많은 부분을 기억하지 못했습니다. 성현이는 전체 내용을 자세히 기억하지 못하고, '문장 장기기억'에서도 기억하지 못한 문장이 있었기 때문에 2주가 지난 후에는 더욱 많은 부분을 잊어버리고, 정확도도 떨어지며 책에 없는 내용을 추가하기도 했습니다.

승호는 장기기억을 위해 책에 집중하며 '간격 두어 읽기'를 합니다. 책을 여러 번 반복해서 읽으며, 책의 전체 내용을 자세하게 기억하는 것을 목표로 삼습니다. 처음 읽을 때도 집중해서 읽고, 하루나 이틀 후에도 기억을 되새기기 위해 집중합니다. 반면 동우와 성현이는 공부에 바쁘다는 이유로 책을 한 번만 읽습니다. '간격 두어 읽기'를 통해 집중력이 높아지면 한두 번 읽는 것만으로도 자세히 기억할 수 있지만 능력이 향상되지 않은 상태에서 대부분 대충 읽고 마치는 경우가 많습니다. 책을 집중해서 읽지 않고 일부 내용만 암기한 것은 금방 기억에서 사라져 나중에 끄집어내기 어렵습니다. 장기기억에 저장하려면 단어나 문장만 암기하는 것이 아니라, 책의 전체 맥락에서 단어나 문장의 의미를 이해하며 기억해야 합니다.

책을 처음 읽을 때의 '간격 두어 읽기'를 통해 정확하고 단단하게 기억할수록 장기기억에 도움이 됩니다. 책을 처음 읽을 때 기억을 단단하게 잡지 못하면 시간이 지나면서 점점 더 모호해지며, 완전히 다른 내용으로 바뀌거나 잊혀집니다.

사례 분석 2 **단어 장기기억**

초등학교 4학년인 재우가 책의 단어를 얼마나 정확하게 기억하는지, 시간이 지난 후에는 어떠한 방식으로 기억하는지 '단어 장기기억' 활동을 통해 살펴보았습니다. 책에 나오는 문장 중 '핵심 단어'를 선정하여 기억해서 쓰도록 했습니다. 첫 번째 점검은 책 전체를 발표한 직후, 그 책의 핵심 단어를 기억해서 쓰도록 했습니다. 그리고 두 번째 점검은 그로부터 1주가 지난 후에 기억을 재확인했고, 마지막으로 전체 발표한 지 3주 후에 세 번째 점검을 진행했습니다. 정확하게 기억한 핵심 단어는 굵은체로, 비슷하게 재현한 단어는 기울임체로, 의미가 바뀐 단어는 밑줄로 표시했습니다.

단어 장기기억 점검

원문	첫 번째 점검	두 번째 점검	세 번째 점검
	전체 발표한 날	전체 발표 후 1주 뒤	전체 발표 후 3주 뒤
아우구스트	**아우구스트**	**아우구스트**	**아우구스트**
로우던트	*로우미턴*	기억 못 함	트뤼필리
파크애비뉴	*베르실로나*	*베르셀로나*	*베르셀로나*
포도주병을 막는 코르크 마개	*포도주병에 다는 코르크 마개*	포도주병에 마르코 마개	포도주병에 코로고 마개

'아우구스트'라는 인물의 이름은 첫 번째 점검에서부터 정확하게 기억했고, 1주와 3주가 지난 두 번째와 세 번째 점검에서도 정확하게 기억했습니다.

'로우던트'라는 배의 이름은 첫 번째 점검에서는 '로우미턴'이라고 잘못 기억했고, 두 번째 점검에서는 기억하지 못했습니다. 그리고 세 번째 점검에서는 '트뤼필리'라는 전혀 다른 단어로 변경했습니다.

'파크애비뉴'라는 지명은 첫 번째 점검에서 '베르실로나'라고 잘못 기억했고, 두 번째 점검에서는 '베르셀로나'라는 비슷한 오류를 범했습니다. 세 번째 점검에서는 잘못 기억한 '베르셀로나'를 그대로 유지했습니다. 이는 '바르셀로나'라는 실제 지명과 비슷해서, 변경된 정보를 맞다고 인식한 것으로 해석됩니다.

'포도주병을 막는 코르크 마개'를 살펴보면, 첫 번째 점검에서 '포도주병에 다는 코르크 마개'라고 비슷하게 기억했고, 두 번째 점검에서는 '포도주병에 마르코 마개'라고 잘못 기억했고, 세 번째 점검에서는 '포도주병에 코로고 마개'로 변경했습니다. 첫 번째 점검에서 '코르크 마개'는 기억했으나 '막는'이라는 의미를 간과하고 '다는'으로 바꾸면서 기억이 전반적으로 흔들린 것으로 해석할 수 있습니다.

사례 분석 3 **문장 장기기억**

초등학교 6학년 아이들이 책에 나오는 25개의 카드 문장을 얼마나 정확하게 오랫동안 기억하는지 '문장 장기기억' 활동을 통해 살펴보았습니다. 첫 번째 점검은 책 전체 발표를 한 날에 진행했고, 두 번째 점검은 그로부터 2주 후에 실시했습니다. 첫 번째 점검에서는 책 전체 발표 후, 아이들이 25개의 카드 문장을 재검토하고 정확하게 기억하는 데 필요한 시간을 따로 부여했습니다. 그리고 나서 기억하는 대로 적도록 했습니다. 두 번째 점검에서는 사전 예고 없이 기억을 확인했습니다.

25개의 카드 문장을 모두 자세히 살펴보는 것은 내용이 많으므로, 이 중에서 책에 나온 순서대로 10개의 카드에 중점을 두고 살펴보았습니다. 아이들이 순서대로 쓰지 않은 문장도 있지만, 쉽게 이해할 수 있도록 책에 나온 순서대로 배열하고 각 카드마다 번호를 부여했습니다. 정확하지는 않더라도 의미를 왜곡하지 않고 비슷하게 재현한 경우에도 기억을 한 것으로 간주했습니다. 정확하게 기억한 문장은 굵은체로, 비슷하게 기억한 문장은 기울임체로, 다르게 기억한 문장은 밑줄로 표시했습니다.

문장 장기기억 점검 1

원문	1. 잠자리에서 일어나고 싶지 않을 때 ('쓰는 카드' 이하 생략) 2. 학교에 가고 싶지 않을 때 3. 지각하고 싶을 때 4. 숙제한 것을 잃어버릴 때 5. 숙제를 하고 싶지 않을 때 6. 준비물을 잊어버릴 때	7. 수업 내용을 듣고 싶지 않을 때 8. 수업 시간에 잘 때 9. 옆 친구 것을 베낄 때 10. 칠판 앞에 나가고 싶지 않을 때 (중략)	25개
박승호	1. 잠자리에서 일어나기 싫을 때 ('쓰는 카드' 이하 생략) 2. 학교에 가기 싫을 때 3. 지각하고 싶을 때 4. 숙제한 것을 잃어버렸을 때 5. 숙제하기 싫을 때 6. 준비물 잊어버렸을 때	7. 수업 내용을 듣기 싫을 때 8. 수업 시간에 잘 때 9. 옆 친구 거 베낄 때 10. 칠판 앞에 나가기 싫을 때 (중략)	25개
이동우	1. 잠자리에서 일어나고 싶지 않을 때 ('쓰는 카드' 이하 생략) 2. 학교 가기 싫을 때 3. 지각하고 싶을 때 4. 숙제한 것을 잃어버렸을 때 5. 숙제하기 싫을 때 6. 준비물을 안 갖고 왔을 때	7. 수업 내용을 듣고 싶지 않을 때 8. 수업 시간에 잘 때 9. 옆 친구 것을 베낄 때 10. 칠판 앞에 나가고 싶지 않을 때 (중략)	25개
김성현	1. 아침에 일어나고 싶지 않을 때 ('쓰는 카드' 이하 생략) 2. 학교에 가기 싫을 때 3. 지각하고 싶을 때 4. 숙제를 잃어버렸을 때 5. 숙제를 안 했을 때 6. 준비물을 잊어버렸을 때	7. 기억 못 함 8. 수업할 때 자는 9. 옆 친구 거 베낄 때 10. 칠판 앞에 나가고 싶지 않을 때 (추가) 발표하기 싫을 때 (중략)	21개

첫 번째 점검에서 책을 여러 번 읽고, '문장 장기기억' 활동을 했던 승호는 25개의 문장을 모두 기억했습니다. 책을 한 번 읽고, 단순 암기를 했던 동우도 25개의 문장을 모두 기억했고, 정확도도 높았습니다. 책을 한 번 읽고, 단순 암기에 약한 성현이는 21개의 문장을 기억했습

니다. 성현이는 언급한 대부분의 문장을 비슷하게 기억했지만, 1개의 문장은 단어를 바꾸어서 비슷하게 기억했고, 다른 1개의 문장은 다르게 기억했으며, 책에 없는 문장도 1개 추가했습니다.

10개의 문장 중 1번, 5번, 7번 문장에서 차이점을 살펴보면, 승호는 1번 문장인 '잠자리에서 일어나고 싶지 않을 때'를 '잠자리에서 일어나기 싫을 때'라고 비슷하게 기억했습니다. 동우는 '잠자리에서 일어나고 싶지 않을 때'로 정확하게 기억했습니다. 성현이는 '아침에 일어나고 싶지 않을 때'라고 단어를 바꾸어서 비슷하게 기억했습니다.

5번 문장인 '숙제를 하고 싶지 않을 때'를 승호와 동우는 '숙제하기 싫을 때'라고 비슷하게 기억했습니다. 성현이는 '숙제를 안 했을 때'라고 의미를 변경했습니다.

7번 문장인 '수업 내용을 듣고 싶지 않을 때'를 승호는 '수업 내용을 듣기 싫을 때'로 비슷하게 기억했습니다. 동우는 '수업 내용을 듣고 싶지 않을 때'로 정확하게 기억했습니다. 성현이는 이 문장을 기억하지 못했습니다. 또한 성현이는 10번 문장인 '칠판 앞에 나가고 싶지 않을 때'와 비슷한 맥락의 '발표하기 싫을 때'라는 책에 없는 문장 1개를 추가했습니다.

문장 장기기억 점검 2

원문	1. 잠자리에서 일어나고 싶지 않을 때 ('쓰는 카드' 이하 생략) 2. 학교에 가고 싶지 않을 때 3. 지각하고 싶을 때 4. 숙제한 것을 잃어버릴 때 5. 숙제를 하고 싶지 않을 때 6. 준비물을 잊어버릴 때	7. 수업 내용을 듣고 싶지 않을 때 8. 수업 시간에 잘 때 9. 옆 친구 것을 베낄 때 10. 칠판 앞에 나가고 싶지 않을 때 (중략)	25개
박승호	1. 잠자리에서 일어나기 싫을 때 ('쓰는 카드' 이하 생략) 2. 학교 가기 싫을 때 쓰는 3. 지각하고 싶을 때 4. 숙제한 거 잃어버렸을 때 5. 기억 못 함 6. 준비물을 안 가져왔을 때	7. 수업 내용을 듣고 싶지 않을 때 8. 수업 시간에 잘 때 9. 옆 친구 거 베낄 때 10. 칠판에 나가기 싫을 때 (중략)	22개
이동우	1. 기억 못 함 2. 학교 가기 싫을 때 ('쓰는 카드' 이하 생략) 3. 지각하고 싶을 때 4. 숙제를 잃어버렸을 때 5. 숙제를 하기 싫을 때 6. 기억 못 함	7. 수업 내용을 듣고 싶지 않을 때 8. 기억 못 함 9. 친구 것을 베끼고 싶을 때 10. 기억 못 함 (중략)	15개
김성현	1. 아침에 일어나기 싫을 때 ('쓰는 카드' 이하 생략) 2. 학교 가기 싫을 때 3. 지각하고 싶을 때 4. 숙제를 잃어버렸을 때 5. 숙제하기 싫을 때 6. 기억 못 함	7. 기억 못 함 8. 수업 중 자고 싶을 때 9. 기억 못 함 10. 기억 못 함 (추가) 방학 숙제를 잊어버렸을 때 (추가) 발표하고 싶을 때 (중략)	12개

두 번째 점검에서 책을 여러 번 읽고, 문장을 모두 기억했던 승호는 25개 중 22개의 문장을 기억했습니다. 책을 한 번 읽고, 단순 암기를 통해 문장을 모두 기억했던 동우는 15개의 문장을 기억했습니다. 책을 한

번 읽고, 단순 암기에 어려움을 겪는 성현이는 12개의 문장을 기억했습니다. 그리고 성현이는 첫 번째 점검에서 책에 없는 문장 1개를 추가한데 이어 이번에는 책에 없는 문장 2개를 추가했습니다.

두 번째 점검에서 1번, 5번, 7번 문장의 차이점을 살펴보면, 승호는 1번 문장 '잠자리에서 일어나고 싶지 않을 때'를 첫 번째 점검 때와 같이 '잠자리에서 일어나기 싫을 때'라고 비슷하게 기억했습니다. 동우는 이 문장을 기억하지 못했습니다. 성현이는 첫 번째 점검에서 단어를 바꾼 것에 이어 표현을 조금 더 변경해서 '아침에 일어나기 싫을 때'라고 했습니다.

승호는 5번 문장 '숙제를 하고 싶지 않을 때'를 기억하지 못했습니다. 동우는 첫 번째 점검 때와 비슷하게 '숙제를 하기 싫을 때'라고 기억했습니다. 성현이는 첫 번째 점검 때와는 다르게 '숙제하기 싫을 때'라고 비슷하게 기억했습니다. 그런데 '숙제'라는 단어가 나오는 카드는 4번 문장과 5번 문장 2개인데, 성현이는 '방학 숙제를 잊어버렸을 때'라는 책에 없는 카드 1개를 더 추가했습니다. 이를 통해 성현이의 기억이 흔들리고 있다는 것을 확인할 수 있습니다.

승호와 동우는 7번 문장 '수업 내용을 듣고 싶지 않을 때'를 정확하게 기억했고, 성현이는 이 문장을 기억하지 못했습니다. 승호는 첫 번째 점검 때와 달리 두 번째 점검 때는 정확하게 기억했습니다. 이를 통해 책을 읽을 때의 집중력에 따라 재구성의 정확도가 달라지는 것을 볼 수 있습니다.

성현이는 첫 번째 점검에서 책에 없는 '발표하기 싫을 때'라는 내용을 추가했으나, 두 번째 점검에서는 그와는 완전히 다른 '발표하고 싶을 때'라는 책에 없는 또다른 내용을 추가했습니다. 이는 성현이가 책의 내용을 다른 맥락으로 해석하고 있음을 보여 줍니다.

아이들의 '문장 장기기억' 활동을 부분적으로 보면, 첫 번째 점검 때 기억한 단어나 문장을 두 번째 점검 때 잊어버리거나, 또는 더 정확하게 기억하는 경우도 있습니다. 하지만 전반적으로 보면, 책을 여러 번 읽고 전체를 자세하게 기억한 경우는 시간이 지나도 대부분의 문장을 기억하는 반면, 책을 대충 읽거나 단순 암기에 의존한 경우에는 시간이 지나면서 많은 문장을 잊어버리는 것을 확인할 수 있습니다.

너무 빠르면 천천히,
지나치게 느리면 빠르게 읽는다

초등학교 5학년인 현채는 책을 읽는 속도가 굉장히 빠릅니다. 그런데 책을 여러 번 읽고도 내용을 잘 기억하지 못합니다. 6학년인 지민이는 책을 읽는 속도가 무척 느립니다. 그리고 이해가 되지 않으면 되돌아가서 읽습니다. 지민이는 쉬운 책도 분량이 많으면 부담스러워합니다.

5학년인 현채는 책 읽기를 좋아하며, 특히 좋아하는 책은 여러 번 읽습니다. 그런데 지나치게 빠른 속도로 책장을 넘깁니다. 책을 많이 읽으면서 속도가 빨라지는 것은 자연스러운 현상이지만, 현채의 경우는 집중해서 읽기보다는 대충 보는 습관 때문에 그런 것입니다. 책을 여러 번 읽을 때는 처음에 놓친 부분을 다시 읽으면서 찾아내는 것이 중요합니다. 하지만 현채는 처음 읽을 때와 다시 읽을 때 동일한 내용만 확인하는 것입니다.

현채는 책을 읽을 때, 아주 빠르게 책장을 넘기다가 가끔씩 장면에 따라 속도를 늦춰 읽습니다. 책을 읽는 것이 아니라 보고 싶은 것만 보는 것이지요. 현채는 어려운 부분은 넘어가고 자신이 흥미롭게 생각하는 부분만을 선택하여 읽는 방식으로, 쉽고 재미있는 자신만의 '요약본'을 만들어서 보는 것 같습니다.

독서 습관을 개선하려면 지금까지의 방식과는 다르게 읽어야 합니다. 그러나 습관을 한 번에 바꾸는 것은 쉽지 않으므로 조금씩 변화를 주는 것이 필요합니다. 책에 대한 흥미를 유지하면서도 집중할 수 있는 방식으로 접근해야 합니다.

현채는 책 읽을 때 집중하는 동시에 읽는 속도를 조절해야 합니다. 책을 읽는 횟수를 줄이고, 대신 집중력을 강화하여 자세하게 기억하는 것에 중점을 두어야 합니다. 처음에는 익숙하지 않아서 속도를 조절하거나 집중력을 높이는 데 어려움을 겪을 수 있습니다. 이럴 때는 소리 내어 읽는 것이 좋습니다. 이렇게 되면 속도가 자연스럽게 느려지고, 내용을 빠짐없이 읽게 됩니다. 또한 시각적으로 정보를 받아들이는 것뿐만 아니라 소리를 내고 듣는 과정이 더해지면서 뇌가 활성화되어 집중이 잘됩니다.

한편 6학년인 지민이는 책을 읽는 데 너무 많은 시간이 소요됩니다. 이해가 안 되면 다시 앞으로 돌아가서 읽으며, 한 번에 이해하려고 합니다. 이로 인해 책 읽는 것이 힘들게 느껴지며, 쉬운 책이라도 분량이 많으면 부담스러워합니다.

지민이는 책을 집중해서 빠르게 읽는 것을 목표로 하고, 속도를 높이면서 여러 번 읽는 것이 필요합니다. 이해가 안 되더라도 되돌아가지 말고, 집중해서 빠르게 읽은 후에 다시 읽는 것이 좋습니다. 처음부터 끝까지 집중해서 읽은 후에 다시 읽게 되면 내용을 더 잘 이해할 수 있습니다. 이렇게 반복해서 읽을 때마다 속도를 높이면 집중력이 향상됩니다.

단순히 눈으로 읽는 것이 아니라 뇌의 능력을 활용하면 한 번에 많은 양의 글을 읽을 수 있습니다. 손으로 글자를 빠르게 짚어 가며 읽는 연습을 통해 뇌가 허용하는 최대 속도로 읽을 수 있게 됩니다. 책을 빠르게 읽을 수 있게 되면, 여러 번 읽어도 책 읽기의 부담감은 줄어듭니다.

철학자 모티머 J. 애들러는 책에 따라 읽는 속도를 다르게 하고, 필요할 때 속도를 바꿀 수 있는 능력이 중요하다고 합니다. 너무 천천히 읽거나, 이해하지 못할 정도로 빠르게 읽지 않아야 합니다. 이해를 위해 천천히 읽어야 하는 경우도 있지만, 소설 같은 경우는 몰두하여 빠르게 읽어야 이야기의 일관된 흐름과 세부 내용을 파악하게 됩니다.

독서 수업에서 아이들이 주로 읽는 소설은 집중해서 빠르게 여러 번 읽는 것이 기억에 도움이 됩니다. 하지만 빠르게 '보기'

만 하고 집중해서 '읽기'를 하지 않는다면, 속도를 늦추고 집중도를 높여야 합니다. 반면 너무 천천히 읽어서 책 읽기가 부담스럽다면, 집중해서 빠르게 읽는 노력이 필요합니다.

책을 잘 읽으려면 집중이 필요합니다. 때로는 빠르게 읽는 것이 집중력을 높여주고, 때로는 천천히 읽는 것이 집중력을 높여줍니다. 책 읽기에 집중하면 책이 더욱 재미있어집니다.

능력을 향상시키려면
이제까지와는 다른 노력이 필요하다

초등학교 6학년인 서은이는 책을 즐겨 읽고는 했습니다. 그런데 독서 수업을 시작했을 때 책 읽는 것을 부담스러워했습니다. 그동안 책을 대충 읽어 오던 습관 때문에 집중해서 읽는 것이 쉽지 않았습니다. 하지만 서은이는 자신의 부족한 부분을 채우기 위해 노력하며 능력을 끌어올렸습니다.

책을 읽고 기억하고 사고하는 것을 중요하게 생각하는 질문 독서는 대부분의 아이들이 접해본 적이 없는 수업 방식입니다. 그래서 흥미를 불러일으키기도 하지만, 동시에 적응하는 데 시간이 필요하기도 합니다. 6학년인 서은이는 처음에 이런 방식의 수업을 힘들어했습니다. 특히 책을 읽고 발표할 때 기억이 나지 않아 어려움을 겪었습니다.

서은이는 책을 읽는 데에 자신이 있다고 생각했던 만큼, 독서 수업에 어려움을 느낄 거라고는 예상하지 못했습니다. 그러나 친구들은 쉽게 기억하는 것처럼 보이는 반면, 자신은 같은 책을 읽었음에도 기억이 나지 않는다는 것을 알았고 그로 인해 수업이 힘들게 느껴졌습니다.

집중하고 기억하는 능력은 절대로 노력 없이 발전하지 않습니다. 학년이 올라가고 공부량이 많아질수록 능력을 향상시키기 위한 노력을 하지 않으면 능력이 오히려 후퇴합니다. 공부 실력이 필요한 순간에 공부를 할수록 집중력이 약해지는 것이지요. 그러므로 그러한 능력을 향상시키고자 하는 노력은 필연적으로 힘들게 느껴집니다. 그동안 신경 쓰지 않았던 부분에 에너지를 쏟는 것이기 때문입니다.

서은이에게는 이제까지와는 다르게 최대한 집중도를 높여 책을 읽어야 한다는 것이 쉽지 않은 일이었습니다. 그렇지만 어려움 속에서도 자신의 부족한 부분을 채우기 위해 노력했습니다.

발표에 대한 부담 때문에 힘들 때도 있었지만 독서 수업에서 읽는 책들을 좋아했습니다. 책이 재미있었기 때문에 더욱 집중하게 되었고, 그 결과 기억도 잘하게 되었습니다. 또한 발표에 대한 어려움도 사라지게 되었습니다. 책에 대한 이해력이 깊어지니 친구들과의 토론 또한 즐거워졌지요.

서은이는 "처음에는 이런 수업이 처음이라 책의 내용을 기억하는 것이 어려웠지만, 계속하다 보니 힘들지 않았다"며, "책을 읽고 깊이 있게 생각할 수 있게 되었다"고 했습니다. 서은이는 독서 수업에서 읽은 책들을 다시 읽어보기도 했고, "처음 읽었을 때와는 다른 재미가 느껴진다"며, 그 책을 쓴 작가의 다른 책들을 찾아 읽기도 했습니다. 이러한 과정을 거치며 서은이는 자신의 한계를 넘어서고 독서 수준을 높일 수 있었습니다.

친구들과 비교해서 집중이나 기억을 잘하는 것이 중요한 것이 아니라 각자 다른 출발선에서 얼마나 노력하는지가 중요합니다. 지금 잘하더라도 능력을 더욱 높이기 위한 최대한의 노력을 해야 합니다. 능력을 향상시키려면 이제까지와는 또 다른 노력이 필요합니다. 그런 노력을 통해 더욱 단단하게 성장할 수 있습니다.

4장
질문독서를 통한
성적 향상 사례

: 독서 수업을 통한 아이들의 다양한 변화

역사와 과학 공부가
쉬워지다

중학교 1학년인 수빈이는 책 읽기를 싫어했는데, 책을 집중해서 읽고 내용도 자세히 기억하고 이해할 수 있게 되었습니다. 역사나 과학 같은 과목을 공부할 때도 책을 읽을 때처럼 집중하고 기억도 훨씬 잘하게 되었습니다. 그리고 책을 읽으면서 어휘력도 향상되었습니다.

수빈이는 초등학교 때 공부는 잘했지만, 책 읽는 것을 싫어했습니다. 글을 논리적으로 쓰는 능력은 괜찮았지만, 배경지식이 부족했습니다. 수빈이는 독서 수업을 통해 우선적으로 책과 가까워지는 것을 목표로 삼았습니다.

처음에 수빈이는 책을 읽을 때 집중력이 부족해 전체적인 내용을 기억하는 데 어려움을 겪었습니다. 이야기의 흐름을 따라가는 것도 어려워했고, 발표를 준비하는 동안에 단어의 의미를 물어보기도 했지요.

그렇지만 독서 수업 책들을 재미있어 했고, 그에 따라 집중력과 기억력도 향상되었습니다. 수빈이는 이야기의 흐름을 따라갈 수 있도록 노력했고, 점차 발표 시간도 늘어났습니다. 발표를 하고 나서 "신기했어요"라고 하더니, 발표를 하며 "내가 왜 이렇게 길게 하지?"라는 생각이 들었다고 했습니다.

수빈이는 책을 집중해서 읽고 기억하는 능력이 향상되자 공부도 수월해졌습니다. 역사나 과학 같은 과목을 공부할 때도 책을 읽을 때처럼 집중하고 기억도 훨씬 잘할 수 있게 되었습니다.

학업 성적이 좋은 수빈이는 그동안 단순하게 암기하는 것에 익숙했습니다. 단편적인 지식을 암기하는 것은 단기적으로 성적을 올리는 데는 효과적일 수 있습니다. 그렇지만 오랜 시간 집중하기 어렵거나 장기기억력이 부족하다면 학년이 올라갈수록 학습 부담이 커질 수 있습니다.

또한 지금은 자신이 가진 지식만으로 논리적인 글쓰기를 할 수 있다고 해도 계속해서 책을 읽고 내용을 기억하려는 노력이 필요합니다. 학년이 올라갈수록 더 높은 수준의 글쓰기가 요구되는데, 책을 읽지 않고는 새로운 지식을 얻기 어렵습니다. 지식이 부족하면 사고의 폭도 제한되므로 결국 적절한 수준의 논리적인 글쓰기를 어렵게 만듭니다. 책을 읽으면서 집중하고 기억하는 능력을 향상시켜야 사고력과 독해력도 높일 수 있습니다.

수빈이는 책 읽기에 집중하고 기억할 수 있는 능력을 키우게 되면서 공부할 때도 집중력과 기억력을 발휘하여 학습 효율을 증가시킬 수 있었습니다. 또한 책과 친숙해지면서 읽는 속도와 어휘력도 함께 향상되었습니다.

수빈이 중학교 1학년 때 "책을 읽는 것을 매우 싫어하고 읽지도 않았었는데, 질문독서를 통해 책을 접하는 기회가 늘면서 독서량이 훨씬 많이 늘었다." "책을 읽을 때 집중해서 읽게 되었고 책을 읽는 속도도 많이 향상되었다." "처음에는 책을 읽고 내용도 제대로 기억하지 못했는데, 이제는 내용을 기억하고 이해하는 게 훨씬 많이 늘었다." "역사나 과학처럼 암기를 해야 하는 과목을 공부할 때도 책을 읽을 때처럼 집중해서 읽게 되었고 기억하는 것도 훨씬 늘었다." "책을 읽으면서 어휘력도 많이 는 것 같다."

책과 가까워지기 위해 독서 수업을 한 수빈이는 책을 좋아하게 되었을 뿐만 아니라, 공부도 훨씬 잘할 수 있게 되었습니다. 역사와 과학 과목을 공부할 때도 책을 읽을 때처럼 집중하며 이해할 수 있게 되었습니다. 질문독서는 공부를 효율적으로 잘하게 합니다.

최고점에 도달하는
방법을 알다

중학교 3학년인 지은이는 책을 읽고도 잘 기억하지 못했는데, 책의 내용만이 아니라 학교 수업 내용도 잘 기억할 수 있게 되었습니다. 국어, 사회, 영어 시간에 한 번 들은 설명도 기억하고, 국어 문법, 수학 공식, 영어 단어도 수월하게 소화해낼 수 있게 되었습니다. 그리고 글의 중심 내용을 파악하고 토론하는 능력도 향상되었습니다. 무엇보다 자기 주도로 공부하는 방법을 터득하게 되었습니다.

초등학교 4학년 때부터 독서 수업을 한 지은이는 책 읽는 걸 좋아했지만, 기억을 잘하지 못해 수업에 어려움을 겪었습니다. 독서 수업에 적응하는 데 시간이 걸렸지만, 수업 방법에 익숙해지면서 독서 수준이 올라갔습니다.

지은이는 독서 수준이 향상되면서 성적 또한 올랐는데, 점수가 오르락내리락할 때가 있었습니다. 초등학교 때나 학습량이 적을 때는 독서 수준이 향상되면 수업 시간에 집중만 잘해도 성적이 잘 나올 수 있지만, 중고등학교로 올라가면 공부의 난이도도 올라가고 학습량도 많아지므로 독서 실력을 단단하게 하면서 자기 주도적으로 공부도 해야 합니다.

지은이는 중학교로 올라가면서 학원에서 공부하는 시간과 학습량이 급격하게 증가하고, 독서 수업 책을 대충 보게 되면서 집중력이 약해졌습니다. 그런데다 학원을 다니지 않는 과목은 공부하지 않았습니다.

중학교 2학년 1학기 중간고사 때 국어와 역사 과목 성적이 기대보다 다소 낮게 나왔습니다. 공부가 충분히 되어 있지 않은 상황에서 시험 기간에 교과서를 대충 보고 문제 풀이 중심으로만 공부하니 성적이 오를 수 없었던 것입니다.

지은이는 책을 읽거나 공부할 때 자기 나름대로는 집중한다고 생각하지만, 독서 수업에서 기억을 떠올리거나 사고를 전개할 때 예전처럼 집중하지 못하는 모습을 보이고는 했습니다. 책 읽기에 집중하지 못하면 교과 공부에 집중하기는 더욱 어려워지며, 이는 기억력이나 사고력의 저하로 이어집니다.

지은이는 학원이나 문제 풀이 방식에 의존해 성적을 올리는 대신, 질문독서법을 활용한 자기 주도 학습으로 국어 성적을 올리기로 했습니다. 책 읽기에 집중하며 독서 수준을 높이고, 독서하는 방식으로 공부법을 전환하는 것도 필요했습니다. 지난 중간고사 때 교과서로 공부하기는 했지만, 시험이 임박해 공부가 부족했기 때문에 공부 시간을 늘릴 필요도 있었습니다.

독서 수업에서 배운 방식대로 교과서를 소설처럼 읽고 이해하려는 노력이 성과를 거두며 기말고사에서 국어 성적을 올릴 수 있었습니다. 그리고 이어진 2학기 중간고사에서 최고점을 기록했습니다.

그런데 다음 기말고사에서 성적이 떨어졌습니다. 단기간에 최고점으로 성적이 오르자, 다음 시험에도 성적이 잘 나올 것이라는 기대로 공부를 소홀히 했던 것입니다. 하지만 이후 성적을 단단하게 다지게 하는 계기가 되었습니다.

지은이는 그다음 시험인 3학년 1학기 중간고사 때, 다시 집중력을 높여 공부하고 바라던 대로 최고의 성적 향상을 이뤄냈습니다. 3학년 내내 국어 과목에서 최고점을 유지할 수 있었지요. 자기 주도 학습에 익숙해진 지은이는 3학년 때 국어뿐만 아니라 역사와 사회 과목도 독서하는 방식으로 공부했습니다. 역사는 물론 사회 역시 기대했던 대로 바로 성적이 올랐고, 그다음 시험에서는 목표했던 점수보다 더 높은 성적을 얻었습니다.

지은이는 공부하기로 마음먹자 성적이 급격히 향상되었습니다. 공부 실력이 있었기 때문에 성적이 흔들렸을 때도 수월하게 균형을 잡을 수 있었습니다. 꾸준한 책 읽기를 통해 집중하고 기억하고 사고하며 독서 수준을 높여왔고, 이는 자기 주도로 공부할 수 있는 능력의 발달로 이어졌기 때문입니다. 지은이는 국어뿐만 아니라 역사와 사회 과목의 점수를 올리는 데도 성공했습니다. 지은이의 성공은 문제를 해결하는 방법을 찾아내고 스스로 해냈다는 자신감을 갖게 된 것입니다.

지은이 초등학교 5학년 때 "질문독서를 하게 되면서 책을 읽은 뒤에 내용이 더 또렷하게 생각난다.""교과 내용도 읽고 기억할 수 있게 되어 짧은 줄글과 함께 있는 교과 문제를 풀 때 시간이 절약된다."

지은이 초등학교 6학년 때 "사회 시간에 쪽지시험 50문제를 풀었는데, 사회 교과서를 한 번 훑어만 봐도 기억나는 내용이 많아 정답률을 높일 수 있었다.""수업 시간에 교과서를 보고 덮은 다음에 게임 형식으로 정답 맞추기를 하는데, 한 문제도 틀리지 않았다.""교과서에서 지문을 읽고 문제를 풀 때, 본문을 다시 읽지 않아도 기억이 나서 대부분 답을 할 수 있었다."

지은이 중학교 1학년 때 "학교 수업에 집중하는 능력이 높아졌고 필기도 꼼꼼해졌다.""기억력이 향상되어 국어 문법이나, 수학 공식, 영어 단어 등 외워야 하는 것이 늘어났음에도 전보다 빠른 시간 내에 외울 수 있게 되었다.""국어나 영어, 사회 등의 과목은 수업 시간에 한 번 들었어도 쉽게 기억할 수 있어 공부가 수월해졌는데, 이렇게 느끼는 이유는 다시 보거나 외울 때, 나도 모르게 내 기억 속에 남아 있는 게 많기 때문이다.""집중력이나 독해력의 향상으로 소설 지문 등을 읽을 때 집중해서 꽤 빠르게 읽어내고, 요약을 하거나 요지를 파악해서 문제를 풀어내는 것도 수월해졌다.""흘려들은 것도 기억해 낼 수 있는 능력이 생겨서 의견을 제시하거나 문제를 풀 때 유리하다.""지문이나 문제와 풀이 방법을 잘 기억해서 나중에 확인하거나 잘 몰랐던 문제의 답도 알아보기 쉽게 되었다."

　　지은이 중학교 2학년 때 "토론 능력이 향상되어 수행 총점수가 만점이다.""영어 에세이 쓰기 대회에서 상을 받았다.""영어 문법이 어려웠는데 영어 문제도 문법을 따져가며 논리적으로 풀게 되었다.""원래 공부를 미뤘다가 마지막에 벼락치기로 했는데 요즘은 좀 더 미리미리 하는 습관이 생기고 있다.""객관적인 눈으로 나를 파악하는 사고 능력이 향상되어 공부할 때 나의 장단점을 파악하고 부족한 부분을 보충할 수 있게 되었고, 어떤 행동을 취했을 때 뒤따라오게 될 영향도 따져볼 수 있게 되었다."

　　지은이 중학교 3학년 때 "독서 수업을 하면서 글의 구성대로 기억하는 능력이 많이 늘었다." "책을 읽고 기억하는 방식으로 공부를 해서 점수를 올릴 수 있었다." "왔다 갔다 하던 국어 점수가 오르고 만점을 유지할 수 있었다." "역사도 독서하는 방법으로 공부해서 점수를 올리는 데 성공했다." "사회 또한 역사와 비슷하게 공부해서 좋은 성과를 냈다." "공부를 어떻게 해야 할지 감을 잡아가는 기분이 들었다." "자기 주도 학습을 어떤 방식으로 해야 나에게 도움이 되는지도 알게 되었다."

책을 많이 읽었지만 기억하는 것을 어려워했던 지은이는 한 번 보고 들은 것도 기억할 수 있게 되었습니다. 국어, 역사, 사회 과목의 성적이 올랐고, 영어와 수학 과목도 수월하게 공부하게 되었으며, 토론도 잘하게 되었습니다. 그리고 자기 주도 학습을 통해 효과적인 공부 방법을 찾으며 성취감도 느낄 수 있었습니다. 질문독서는 스스로 배움에 성공했다는 자신감을 갖게 합니다.

바닥이던 국어 성적이
상위권으로 올라가다

중학교 3학년인 정민이는 학교 수업에 집중하지 못했는데, 수업 시간에 집중할 수 있게 되었고 한 번 들은 설명도 웬만해선 기억할 수 있게 되었습니다. 시험을 치를 때의 집중도도 높아졌으며 수업 때 들은 설명도 떠올릴 수 있게 되었습니다. 그리고 국어가 많이 부족했는데, 독해력의 향상으로 국어 성적도 올릴 수 있었습니다.

정민이는 책을 한 번에 집중해서 읽지 못하고, 공부할 때도 집중하지 못했습니다. 또한 국어 실력도 많이 부족했습니다. 책을 집중해서 읽고 기억할 수 있게 되자 성적도 향상시킬 수 있었습니다.

예전에는 수업에 집중하는 것이 어려웠고 집중 시간도 짧았지만, 독서를 통해 키운 집중력 덕분에 수업 시간에도 오랫동안 집중할 수 있게 되었고 한 번 들은 설명도 쉽게 기억해낼 수 있게 되었습니다. 시험을 치를 때도 집중하며 수업 시간에 들었던 설명을 기억해낼 수 있게 되었지요. 국어 공부도 진전을 이루었습니다. 독서를 통해 독해력이 올라가면서 기대 이상의 성적 향상을 이룰 수 있었습니다.

정민이는 학원에 의존하지 않고 스스로 공부하다가 중학교 3학년이 되어서야 수학 학원을 다니기 시작했습니다. 정민이는 독서의 중요성도 알고 학원에 대한 부담감도 적은 편이어서 좀 더 여유로운 마음으로 독서에 집중하며 자신의 부족한 부분을 채워나갈 수 있었습니다.

정민이 중학교 3학년 때 "전에는 책도 많이 안 읽고 한 번에 집중해서 읽지 못했는데, 질문독서를 하면서 책을 한 번에 다 읽게 되었다." "책을 읽고 기억하는 능력도 차츰 올라갔고, 독서 수업 후에 다른 때에도 조금씩 기억에 남게 되었다." "국어는 엄청 못했는데 독해가 조금씩 늘면서 요즘은 95점 이상 맞는다." "전에는 학교 수업 시간에 집중을 못하고, 또 집중을 해도 오래가지 못했는데, 이제는 집중력이 올라가서 한 번 들은 것도 웬만해선 기억을 한다." "시험을 볼 때 수업 시간에 선생님이 설명하셨던 것이 가끔 생각나기도 하고, 시험 볼 때 집중하는 정도도 높아졌다."

책을 한 번에 다 읽지 못하고 학교 수업에도 집중하지 못했던 정민이는 책 읽기에 집중하고 수업 시간에 한 번 들은 설명도 기억할 수 있게 되었습니다. 많이 부족했던 국어 과목에서도 우수한 성적을 달성할 수 있었습니다. 질문독서는 부족한 부분을 채워 주고 약점을 강점으로 바꾸어 줍니다.

면접 질문에
창의적으로 답하다

고등학교 1학년인 윤아는 책상 앞에 앉아 있어도 다른 생각에 빠지는 경우가 많았는데, 딱 해야 할 일에 집중하고 공부할 수 있게 되었습니다. 역사와 과학 과목의 성적도 오르고, 오랜 시간 집중해야 하는 수학 과목의 성적도 향상되었습니다. 또한 창의적 사고력도 높아졌습니다. 그 덕분에 윤아는 원하던 고등학교에 합격할 수 있었습니다.

초등학교 6학년 때부터 독서 수업을 한 윤아는 책 읽는 것을 좋아했지만, 진지하거나 무거운 내용의 책은 읽지 않고 자신이 관심 있는 분야의 책만 읽었습니다. 책에 대해 이야기할 기회가 있어도 막상 이야기하려면 기억이 잘 나지 않았습니다.

윤아는 독서 수업에서는 장르나 주제에 상관없이 대부분의 책을 재미있게 읽었습니다. 책을 즐겁게 읽으면서 집중력이 향상되었고, 내용만이 아니라 읽을 때의 느낌도 기억할 수 있게 되었습니다. 중학교 시절 독서 수준이 향상되면서 글쓰기 실력도 좋아지고, 토론도 잘하게 되었으며, 학교 성적도 올라갔습니다.

고등학교에 진학한 후에는 학교 일정으로 독서 수업에 참석하지 못한 적도 있었지만, 수업에 참여할 때마다 책을 잘 읽어 왔습니다. 여전히 글쓰기와 친구들과의 토론을 즐겼습니다. 독서 수업에서 다룬 다양한 분야의 책들은 고등학교 공부에도 많은 도움을 주었습니다.

윤아가 입학한 고등학교는 윤아가 오랫동안 꿈꾸어 온 학교였습니다. 서류 전형을 통과한 후 면접 과정이 쉽지 않았지만, 윤아는 면접에서 예상치 못한 질문에도 창의적이고 논리적으로 답할 수 있었습니다.

깊이 있는 사고력과 창의성을 키우기 위해서는 단단한 지식의 기반이 필요합니다. 단순히 글쓰기나 토론의 양을 늘리기만 해서 되는 것이 아니지요. 책을 읽고 기억하고 질문하는 것은 글쓰기와 토론에서 생각의 깊이를 더하고 창의력을 키우는 데 중요한 역할을 합니다.

독서 수업에서 책을 집중해서 읽으며 기억하고, 깊이 있게 생각하며 글을 쓰고, 친구들의 예기치 못한 질문에도 논리적인 근거로 답하며 토론했던 시간들은 윤아가 어떤 질문에도 주저하지 않고 창의적으로 답할 수 있는 힘을 갖게 해주었습니다.

윤아는 독서 수업에서 다양한 책을 읽으면서 독해력과 논술 실력이 올라갔고, 학교에서도 그 능력을 인정받게 되었습니다. 그리고 창의적 사고로 고등학교 면접에 합격할 수 있었습니다.

윤아 중학교 1학년 때 "질문독서 수업을 하기 전에는 기억을 잘 못했는데, 수업을 하면서 기억력이 좋아졌다.""집중해서 책을 읽으니 내용도 잘 생각나고, 느낀 점도 기억에 남는다.""전에는 책을 읽고 다른 사람에게 줄거리를 설명해 주는 게 힘들었는데, 독서 수업을 하면서 책을 읽고 내용을 들려주거나, 이야기 나누는 것이 어렵거나 힘들지 않게 되었다."

윤아 중학교 2학년 때 "집중력이 높아져서 한 가지 일에 집중할 수 있게 되었다.""기억력이 좋아져서 암기 과목의 성적도 향상되었다.""글쓰기가 수월해져서 수행평가에 도움이 되었다.""글을 요약해서 정리하는 것도 어렵지 않게 되었다."

윤아 중학교 3학년 때 "예전에는 책상에 앉아 있어도 다른 생각을 했는데, 이제는 집중하는 시간이 늘어서 딱 내가 할 일에 집중하고 공부할 수 있게 되었다.""역사나 과학 같은 과목에서 높아진 기억력이 도움이 되었다.""수학처럼 오랜 시간 동안 책상에 앉아 집중하는 것이 필요한 과목의 성적도 많이 향상되었다."

윤아 고등학교 1학년 때 "책을 읽을 때 더 집중해서 읽게 되었고, 재미있는 책들을 많이 알게 되어 책에 대한 흥미도 더 높아졌다." "책을 읽은 데 그치지 않고, 책에 대해서 생각을 깊이 있게 하게 되어 그 책에 담긴 의미도 알 수 있게 되었다." "학교에서 친구들과 같은 책을 읽어도 친구들보다 더 깊게 생각할 수 있게 되었다." "예전에는 좋아하는 분야의 책만 읽었는데, 다양한 분야의 책을 읽으면서 독해력도 올랐다." "문학뿐만 아니라, 독서 수업이 아니었다면 읽지 않았을 수학이나 과학, 역사, 철학, 시사 등 다양한 분야의 책을 읽다 보니 학교 공부를 할 때도 많은 도움이 되었다."

윤아 부모님 소감 "질문독서를 한 이후로 윤아가 학교에서 글도 잘 쓰고 독해력도 높다고 인정받는다." "고등학교에 합격하는 데 다른 어떤 공부보다도 독서 수업이 가장 큰 도움이 되었다."

자신이 관심 있는 분야의 책만 선호하고 책상 앞에 앉아도 다른 생각에 빠지곤 했던 윤아는 다양한 분야의 책을 읽고 주어진 과제에 집중할 수 있게 되었습니다. 역사와 과학뿐만 아니라 수학 과목의 성적도 올랐고, 논술 실력도 인정 받았습니다. 그리고 오랫동안 바랐던 고등학교에 합격할 수 있었습니다. 질문독서는 꿈꿔 왔던 목표를 실현할 수 있도록 도와줍니다.

엉망이던 글쓰기에서
능력을 발휘하다

중학교 1학년인 지현이는 책도 잘 읽지 않고 글쓰기도 많이 부족했는데, 책을 집중해서 읽을 수 있게 되었고 글쓰기 실력도 향상되었습니다. 학교 글쓰기 과제에서도 높은 점수를 얻을 수 있게 되었습니다. 그리고 공부할 때도 집중하고 어려운 과학 용어와 법칙 등을 잘 기억하며 성적을 올릴 수 있었습니다.

지현이는 책도 잘 읽지 않고 글쓰기 실력도 매우 부족했습니다. 독서 수업을 하면서 책에 흥미를 갖게 되자 책에 집중하고, 내용을 기억하며 생각할 수 있게 되었습니다.

책을 집중해서 읽고 깊이 있게 생각하는 힘은 글쓰기에 대한 자신감을 불어넣어 주었을 뿐만 아니라, 글쓰기 과제에서 우수한 성적을 거두는 데 기여했지요.

지현이는 독서를 통해 길러진 집중력과 기억력으로 공부할 때도 실력을 발휘할 수 있었습니다. 교과 내용을 한 번에 집중해서 읽고 기억해 낼 수 있게 되었습니다. 어려운 과학 용어나 법칙 등을 쉽게 기억할 수 있게 되면서 과학 성적도 올릴 수 있었습니다.

지현이 중학교 1학년 때 "독서나 글쓰기 등이 엉망이었는데 질문독서를 하면서 책도 집중해서 읽게 되었고 글쓰기 실력도 많이 좋아졌다." "주장하는 글로 우수상을 받았고, 보고서 쓰기 부문에서도 장려상을 받았다. 어떤 과목에서라도 글쓰기 과제가 나오면 거의 만점을 받는다." "독서 수업을 통해 집중력과 기억력이 정말 많이 올랐다." "과학에서 향상된 실력이 많이 발휘되었다. 과학 용어나 법칙 등을 잘 기억할 수 있어서 과학 성적이 올랐다."

지현이 부모님 소감 "지현이가 공부할 때 교과 내용을 집중해서 읽고 단번에 기억해 낸다." "질문독서는 정말 중요한 공부다."

독서와 글쓰기가 많이 부족했던 지현이는 책을 집중해서 읽고 글쓰기 실력도 인정받게 되었습니다. 교과 내용을 한 번에 읽고 기억하는 능력도 갖게 되었습니다. 특히 과학 과목에 실력을 발휘하고 우수한 성적을 거둘 수 있었습니다. 질문독서는 글쓰기 실력도 높여 주고, 공부도 잘하게 합니다.

시험 성적이
갑자기 오르다

중학교 1학년인 서정이는 학교 수업에 집중하지 못하고 딴생각을 하고는 했는데, 수업 시간에 집중할 수 있게 되었고 교과서도 집중해서 읽고 기억할 수 있게 되었습니다. 국어는 물론 과학, 사회, 도덕 과목에서 높은 점수를 받게 되었습니다. 그리고 사고력과 공감 능력의 향상으로 다른 사람의 문제에 대해 이해하고 해결책도 제시할 수 있게 되었습니다.

초등학교 4학년 때부터 독서 수업을 한 서정이는 학교 수업에 집중하지 못하고 딴생각을 하고는 했습니다. 서정이는 교과 학원 대신 책 읽기를 학습의 중심으로 삼았습니다. 독서의 중요성을 알고 수업에도 적극적으로 참여했습니다.

책 읽기를 통해 등장인물에 공감하고 사고하는 능력이 향상되자 친구들과의 관계에도 긍정적인 변화가 생겼습니다. 6학년이 된 서정이는 친구들의 고민을 잘 들어주고 그에 맞는 해결

책을 제시할 수 있게 되었습니다. 친구의 행동이 이해되지 않을 때도 감정적으로 반응하기보다는 그 이유를 생각하며 문제를 풀어가는 능력을 갖게 된 것입니다.

서정이는 학년이 올라갈수록 독서 수준이 향상되었고 그에 따라 학업 성적도 상승했습니다. 중학교 때는 독서를 통한 학습 방법을 활용하여 더욱 효과적으로 공부하면서 좋은 성적을 거두었습니다.

중학교 1학년 1학기 중간고사를 앞두고 서정이는 도덕 과목을 공부할 때 독서하는 방법을 적용했습니다. 교과서를 책처럼 읽는 것은 기본이고, 교과서 내용을 녹음하여 듣는 방법도 시도했습니다. 서정이는 녹음해서 공부한 방법이 큰 효과를 거두어, 도덕 점수가 높게 나왔습니다. 시험 문제의 답이 마치 저절로 보이는 듯한 경험을 할 수 있었지요.

1학기 중간고사 이후, 자신만의 공부 계획을 수립해 보기로 했습니다. 목표는 세 가지로 설정하고, 그 실천 방안도 구체적으로 계획했습니다. 실현 가능한 한도 내에서 자신의 능력을 최대로 끌어올릴 수 있는 목표를 세웠고, 남과의 비교가 아닌 자기 자신과의 경쟁을 위해 등수가 아닌 점수를 목표로 정했습니다.

다른 과목에 비해 수학을 어려워한 서정이는 수학 공부에 많은 시간을 할애하기로 했습니다. 수학은 모르는 부분을 건너뛰고서는 다음 단계로 넘어갈 수 없기 때문에, 초등학교 수학부터 시작하여 이미 배웠던 내용을 다시 점검하며 부족한 부분을 보완하기로 했습니다. 또한 책을 읽고 발표하는 것처럼 친구들에게 수학 문제 풀이 방법을 설명하기도 했습니다.

공부 계획을 잘 세우고 수학에 집중한 결과, 1학기 기말고사에서는 중간고사 때보다 수학 점수가 한 등급 상승했습니다. 초등학교 수학을 다시 보며 공부한 것이 도움이 되었고, 이로 인해 수학에 좀 더 자신감을 갖게 되었습니다.

2학기 중간고사 때는 다시 도덕 과목에 독서하는 방법을 활용하여 만족스러운 결과를 얻었고, 기말고사 때는 사회 과목에 독서 방법을 적용하여 성적을 향상시켰습니다. 또한 집중하고 기억하는 능력의 향상으로 영어 듣기 평가에서도 최고점을 얻었습니다.

서정이는 독서 수업을 하면서 놀라울 정도로 공부 실력이 향상되었고 성적 또한 크게 올랐습니다. 그리고 친구들의 이야기에 귀 기울이고 공감하는 능력 또한 높아졌으며, 친구들이 털어놓는 고민에 대해서도 현명한 조언을 할 수 있게 되었습니다.

서정이 초등학교 5학년 때 "질문독서를 하면서 기억력이 좋아졌다.""처음에 발표할 때는 막 떨려서 발표하기가 힘들었는데 요즘은 자신감이 생겨서 발표가 쉽다.""책과 더 가까워졌고, 책을 읽고 싶은 마음이 생겼다.""감정이 풍부해져서 글도 쉽게 쓸 수 있게 되었다.""교과서를 읽을 때 내용 이해가 잘 되어 성적이 올랐다.""사회나 과학 교과서 같은 경우는 예전보다 내용이 더 잘 이해되고, 요점과 핵심도 잘 잡을 수 있게 되었다."

서정이 초등학교 6학년 때 "예전에는 학교 수업이 지루해서 계속 딴생각을 했는데, 이젠 그렇지 않다. 선생님 설명이 머리에 잘 들어온다.""국어는 공부 안 해도 성적이 잘 나온다.""사회 교과서도 쉬워졌다.""마음먹을 때는 점수가 잘 나온다.""전 과목 시험에서 세 개를 틀렸는데, 시험을 지나치게 잘 본 것 같다."

서정이 중학교 1학년 때 "실력보다 점수가 잘 나온다.""시험 볼 때 그냥 답이 보인다.""수학 성적도 한 등급 올랐다.""영어 듣기 평가를 처음으로 다 맞았다."

서정이 부모님 소감 "서정이가 질문독서를 하면서 독서 수업 책만이 아니라 다른 책도 스스로 찾아서 읽고 글도 잘 쓰게 되었다.""이해되지 않는 친구의 행동을 두고도 왜 그랬을까 고민한다.""친구들의 고민도 잘 들어주고 해결책도 제시한다."

　학교 수업 시간이 지루했던 서정이는 수업 시간에 집중할 수 있게 되었고 공부도 잘하게 되었습니다. 국어뿐만 아니라 과학, 사회, 도덕, 영어, 수학 과목에서 성적이 올랐습니다. 그리고 다른 사람의 문제에 대해 공감하고 현명하게 조언하는 능력도 갖게 되었습니다. 질문독서는 공부 실력도 높여 주고, 문제를 해결하는 능력도 갖게 합니다.

세 시간 매달리던 영어가
한 시간으로 충분해지다

중학교 1학년인 현석이는 책도 좋아하지 않고 집중력도 부족했는데, 책 읽기에 흥미를 갖고 집중해서 읽을 수 있게 되었고 공부할 때도 집중하고 기억도 잘하게 되었습니다. 예전에는 2시간 공부하면 집중력이 떨어져 더 이상 공부할 수 없었는데, 4~5시간도 문제없이 집중할 수 있게 되었습니다. 또 영어 단어 암기에 3시간씩 걸리던 것이 1시간이면 충분하게 되었습니다.

현석이는 책 읽는 것을 좋아하지 않고, 공부에 집중하는 것도 어려워했습니다. 독서 수업을 통해 이제는 책에 푹 빠져서 읽을 정도로 흥미를 갖게 되면서 자연스럽게 책에 집중하게 되었고, 이는 곧 기억력의 향상으로 이어졌습니다.

책을 처음부터 끝까지 긴 시간 집중해서 읽으며 전체 내용을 기억할 수 있게 되자, 공부할 때도 오랜 시간 집중하며 많은 양의 정보를 기억하고 이해할 수 있게 되었습니다.

이전에는 2시간 공부하는 것조차 버거웠던 현석이가 4시간, 심지어 5시간까지도 거뜬히 공부할 수 있게 되었습니다. 영어 단어를 외우는 데 있어서도 3시간씩 걸리던 것을 단 1시간 만에 해낼 수 있게 된 것이지요.

현석이는 공부할 때 마음먹은 대로 되지 않고 시간을 들인 만큼 성과가 나지 않아 힘들어 했는데, 책 읽기에 집중할 수 있게 되자 공부를 한결 수월하게 할 수 있게 되었습니다.

현석이 중학교 1학년 때 "집중력이 올랐다. 예전에는 2시간 앉아서 공부하면 좀이 쑤셨는데 요즘에는 4시간, 5시간도 잘 버텨 낸다." "기억력이 향상되었다. 영어 단어 40개를 외우는 데 예전에는 3시간씩 매달려야 했는데, 지금은 1시간으로 충분하다."

현석이 부모님 소감 "현석이가 질문독서를 하면서 책을 한 번 읽기 시작하면 손에서 놓지 않고 책에 푹 빠져서 끝까지 집중해서 읽는다."

책 읽기에 집중하지 못하고 공부할 때 앉아 있는 것조차 힘들어했던 현석이는 책 읽기의 즐거움을 알게 되었을 뿐만 아니라 공부에 집중할 수 있는 능력도 향상되었습니다. 고도의 집중력으로 공부 시간을 2시간에서 5시간으로 늘릴 수 있게 되었고,

높아진 기억력으로 예전에는 3시간씩 걸려서 해내던 공부를 1시간 만에 해낼 수 있게 되었습니다. 질문독서는 최소한의 시간 동안 최대한의 과제를 해낼 수 있게 함으로써 공부의 효율을 끌어올려 줍니다.

공부 실력의 향상을
뚜렷하게 체감하다

중학교 2학년인 동욱이는 책을 좋아하지 않고 글쓰기 실력도 부족했는데, 책 읽기에 집중하고 글쓰기에도 자신감을 갖게 되었고 공부할 때도 집중할 수 있게 되었습니다. 국어는 물론 과학, 사회, 역사, 도덕 과목에서 우수한 성적을 얻었습니다. 어려운 논술 과제에서도 높은 점수를 받고, 영어 공부도 수월하게 할 수 있게 되었습니다. 동욱이는 시험의 결과로 공부 실력이 향상되었다는 것을 체감할 수 있었습니다.

초등학교 4학년 때부터 독서 수업을 한 동욱이는 책에 흥미가 없었습니다. 글쓰기 실력도 부족해서 생각을 표현할 때 한두 줄로 쓰는 데 그치고는 했습니다.

동욱이는 초등학교 때 교과 학원 대신 스스로 공부하는 방식을 택했습니다. 중학교 1학년 때부터 영어 학원을 다니기 시작했고, 수학은 스스로 학습하는 방식을 고수했습니다. 다만 책 읽기에 집중하며 독서 수준을 높이려는 노력을 기울였습니다.

동욱이는 독서 수업을 하면서 책 읽기에 흥미를 갖게 되었고, 글쓰기 실력도 좋아졌습니다. 학교 수업에도 집중할 수 있게 되었고, 시험 때도 높은 집중도를 발휘할 수 있게 되었지요. 독서 수준의 향상으로 성적도 올랐고, 아이들이 일반적으로 어려워하는 논술 과제에서도 좋은 성과를 거두었습니다.

동욱이는 중학교 2학년 때 독서를 통한 학습 방법을 적극 활용하여 더욱 만족할 만한 성과를 낼 수 있었습니다. 1학기 때 도덕과 역사 과목에 독서하는 방법을 적용해 좋은 성적을 얻을 수 있었습니다. 2학기에는 사회와 과학 과목에 독서 방법을 적용하여 우수한 성적을 달성했습니다. 그리고 영어 과목도 한결 순조롭게 공부할 수 있게 되었습니다.

동욱이는 독서를 통해 학업 성취도를 한층 끌어올렸습니다. 공부에 대한 자신감이 올라갔고, 시험에서 눈에 띄는 성과를 이룸으로써 동욱이 스스로도 독서의 효과를 크게 체감했습니다.

동욱이 초등학교 5학년 때 "질문독서를 하면서 집중력이나 기억력이 눈에 띄게 상승했다." "공부할 때나 시험 볼 때 집중력이 좋아졌다."

동욱이 초등학교 6학년 때 "국어 성적이 잘 나온다." "독해력의 향상으로 예전에 비해 글을 읽으면 이해가 잘 된다."

동욱이 중학교 1학년 때 "국어 시간에 쪽지 시험을 보곤 하는데 그럴 때마다 기억력이 크게 향상된 것을 느낀다." "국어 수행에서 만점을 받았다." "학교 과제로 글을 쓸 때마다 글쓰기 실력이 좋아진 것이 느껴진다."

동욱이 중학교 2학년 때 "사회와 도덕이나 역사와 과학 성적이 다 잘 나온다. 한두 개 정도만 틀린다." "영어 단어 암기도 수월해졌다." "두 학기의 지필평가를 거치며 집중력이나 기억력이 크게 발전한 것을 실감한다." "독서하는 방법을 활용해서 공부한 것이 성적 향상에 아주 큰 도움이 되었다." "지속적인 독서 수준의 향상이 눈에 뚜렷이 보이는 변화를 가져왔다."

동욱이 부모님 소감 "질문독서를 통해 국어뿐만 아니라 다른 과목의 성적도 향상되었다." "다들 어려워하는 국어 수행평가에서도 만점을 받았다."

책 읽기에 흥미가 없고 글쓰기 능력도 부족했던 동욱이는 책에 집중할 수 있게 되었고 글쓰기에도 자신감을 갖게 되었습니다. 공부 실력의 향상으로 국어는 물론이고 과학, 사회, 역사, 도덕 과목에서 우수한 성적을 거두었고, 영어 공부까지 수월하게 해내게 되었습니다. 그리고 어려운 논술 과제에서도 높은 점수를 얻게 되었습니다. 질문독서는 공부에서 좋은 성과를 거두고, 어려운 과제도 자신감 있게 해내게 합니다.

훑어보기만 해도
기억하다

초등학교 6학년인 지아는 책을 잘 읽지 않았는데, 책을 집중해서 읽고 시간이 지나도 내용을 기억할 수 있게 되었습니다. 공부할 때 쓱 훑어본 것도 기억하고 웬만하면 잊어버리지 않게 되었습니다. 그리고 책을 읽는 것이 왜 유익한지도 알게 되었습니다.

지아는 책을 잘 읽지 않았는데, 독서 수업을 통해 책에 집중하는 법을 배우고 이로 인해 책 한 권을 오랫동안 기억하는 능력을 키웠습니다. 심지어 몇 달이 지난 후에도 한 페이지에 있던 내용을 자세하게 기억해 내는 수준에 이르렀죠. 학교에서 독서 활동을 할 때도 읽었던 책의 내용을 쉽게 떠올릴 수 있어 독서 과제를 수월하게 수행할 수 있게 되었습니다.

이전에는 여러 번 반복해야만 기억할 수 있었던 교과 내용도 이제는 한두 번 훑어보기만 해도 충분히 기억할 수 있게 되었습니다. 어렵거나 중요한 내용도 주의 깊게 몇 번 보는 것만으로도 기억하고 이해할 수 있게 되었고, 대부분 잊어버리지 않고 장기기억을 할 수 있게 되었습니다.

지아는 책 읽기의 중요성을 모르고 공부에만 열중하면 된다고 생각했습니다. 집중해서 책을 읽게 되자 공부가 한층 수월해지는 것을 체감하게 되었고, 그 과정에서 독서의 중요성을 알게 되었습니다.

지아 초등학교 6학년 때 "질문독서 수업에서 처음에 발표할 때는 내용이 잘 기억나지 않았는데, 이제는 꽤 자세하게 오랫동안 발표할 수 있게 되었다." "책을 읽으면 몇 달 뒤에도 책의 내용이 웬만큼 기억이 나서 학교에서 독서 활동을 할 때 많은 도움이 되었다." "어떤 것들은 심지어 한 페이지에 있던 내용이 거의 모두 다 기억날 때도 있다." "전보다 기억이 잘 나니 수업에도 더 잘 집중할 수 있게 되었다." "예전에는 학교 공부를 할 때 암기 과목의 내용을 기억하려면 반복적으로 봐야만 했는데, 요즘에는 쓱 훑어본 것도 잘 생각나기도 한다." "중요한 내용도 주의 깊게 몇 번만 보면 잘 기억나고 이해되며 웬만해서는 까먹지 않는다." "책을 읽는다는 게 왜 그렇게 좋은 건지 알게 되었다."

책을 잘 읽지 않고 공부할 때 내용을 반복해서 보며 기억해

야 했던 지아는 책을 읽을 때 뿐만 아니라 공부할 때도 집중하고 기억하는 능력이 높아졌습니다. 한 번 읽은 책의 내용을 오래도록 기억하는 것은 물론, 공부할 때 훑어보는 것만으로도 내용을 기억하는 능력을 갖게 되었습니다. 질문독서는 책이든 공부든 한 번 접한 정보를 장기기억으로 저장하는 능력을 갖게 합니다.

공부에 자신감을
갖게 되다

초등학교 6학년인 우성이는 책 읽기는 물론 공부에도 흥미가 없었는데, 집중해서 책도 잘 읽고 공부도 잘하게 되었습니다. 사회처럼 암기할 내용이 많은 과목을 잘할 수 있게 되었고, 영어 단어도 수월하게 외울 수 있게 되었습니다. 우성이는 공부에 자신감을 갖게 되었습니다.

초등학교 4학년 때부터 독서 수업을 한 우성이는 운동을 좋아하고 책 읽기나 공부에는 관심이 없었습니다. 영어 과목만 학원을 다니며 부담스럽지 않을 정도로만 공부했습니다. 우성이는 독서 수업을 하면서 책 읽기를 중심에 두었고, 날마다 한 시간 반 정도 책을 읽었습니다.

우성이는 책을 읽고 난 뒤 내용을 정확하게 기억하는 데 어려움을 겪었습니다. 단어나 문장을 다르게 표현하면, 의미가 달라질 수도 있다는 것을 인식하지 못했습니다. 자신의 생각보다 높은 기준으로 집중하며 기억력을 끌어올려야 했지요.

우성이는 독서 수업이 쉽지 않았음에도, 책을 여러 번 읽으며 전체 내용을 정확하게 기억하기 위해 엄청난 노력을 기울였습니다. 책을 집중해서 읽고 정확하게 기억할 수 있게 되자 공부에도 자신감이 생겼습니다. 공부할 때도 독서하는 방법으로 집중력을 높이고 정확하게 기억하기 위한 노력을 통해 성적을 향상시킬 수 있었습니다.

우성이는 6학년이 되어서는 영어만이 아니라 수학 학원에도 다니기 시작했는데 두 과목 모두 주 2회, 1시간씩 공부했습니다. 여전히 독서에 가장 많은 시간을 투자하며 독서 능력을 높이는 데 주력했습니다.

우성이는 독서 수준이 오르면서 공부에도 자신감이 생겼고, 자신에게 주어진 일을 잘해 내야 한다는 마음가짐도 갖게 되었습니다. 이전과 다른 우성이의 모습은 주변 사람들을 놀라게 했습니다. 우성이는 고등학생이 되어서도 독서하는 방법으로 완벽하다 싶을 정도로 공부하며 우수한 성적을 거둘 수 있었습니다.

우성이 초등학교 6학년 때 부모님 소감 "우성이가 질문독서를 통해 사회처럼 암기할 것이 많은 교과서 내용도 잘 기억하고, 영어 단어도 수월하

게 기억하게 되었다." "독서 수업 준비를 완벽하게 하려고 노력한다."
"성적이 바닥이었는데 독서 수업을 하면서 성적이 많이 올랐다." "주변에서 그간 움츠려 있던 우성이가 달라지고 있는 것을 보고 놀라워한다." "우성이가 반에서 회장을 맡게 되었는데, 예전과는 다르게 잘해야한다는 부담감을 가지고 있다." "우성이가 고등학생이 되어서도 독서수업을 할 때처럼 완벽하다 싶을 정도로 공부하고 성적 역시 높게 나온다."

원래 책에도 공부에도 관심이 없었던 우성이는 책 읽기에 집중하고 공부도 잘하게 되었습니다. 사회와 같은 암기 과목이나 영어 과목도 수월하게 공부하며 성적을 올릴 수 있었습니다. 공부에 자신감을 가지게 된 우성이는 맡은 일에 대한 책임감도 강해졌습니다. 질문독서는 공부 실력도 높여주고, 마음도 성장하게 합니다.

수학을 감이 아닌
공식으로 풀어내다

중학교 2학년인 우진이는 책 읽기에 집중하지 못하고 기억력도 약했는데, 책을 집중해서 읽고 공부할 때도 집중하고 기억도 잘할 수 있게 되었습니다. 역사와 과학 과목의 성적도 오르고, 도덕과 가정 과목도 고득점을 얻을 수 있었습니다. 그리고 수학 공식도 잘 외울 수 있게 되어, 감으로 풀다가 틀리곤 했던 문제들도 정확히 맞힐 수 있게 되었습니다.

우진이는 책을 대충 보고 기억도 잘하지 못했습니다. 공부에 집중하기 어려워하고, 기억력도 좋지 않아 학습 효율이 떨어졌습니다. 그동안 학과 공부를 하느라 독서를 소홀히 했지만, 공부에 있어서 집중력과 기억력이 중요하다는 것을 인지하고 독서에 전념하기로 했습니다.

우진이는 독서에 매진하면서 집중력과 기억력이 크게 향상되었습니다. 책을 읽는 과정에서 집중하고 기억하는 법을 배우고, 이를 다른 공부에도 적용하게 되면서 학습 능력이 전반적으로 좋아졌지요. 과학 과목에서도 성적이 오르고, 역사 과목에서는 난이도가 높은 문제도 쉽게 해결할 수 있게 되었습니다. 도덕과 가정 과목은 집중해서 짧은 시간 공부한 것만으로 높은 점수를 받을 수 있었습니다.

수학 공부에서도 변화가 있었습니다. 이전에는 공식을 외우지 않고 감에 의존해 문제를 풀다가 종종 틀렸지만, 수학 공식을 정확히 외워 문제를 훨씬 수월하게 풀 수 있게 되었습니다.

우진이는 공부 실력의 향상으로 성적이 올랐고 자신이 해야 할 일도 잘 챙길 수 있게 되었습니다. 부모님의 이야기를 듣고도 금방 잊어버리곤 했는데, 들은 것을 잘 기억하고 실행에 옮길 수 있게 되면서 일상 생활에서도 긍정적인 변화가 생겼습니다.

우진이 중학교 2학년 때 "질문독서를 하면서 읽은 책의 내용을 잘 기억할 수 있게 되었다." "역사와 과학 성적이 향상되었다." "역사 시험에서 어렵게 꼬아서 낸 문제도 모두 맞히고 만점을 받는다." "도덕과 가정 같은 과목은 시간이 없을 때 꼭 외울 것을 한 번만 보고도 고득점을 얻을 수 있을 정도로 집중력과 기억력이 올랐다." "수학도 공식을 정확히 외워, 그동안 감으로 풀다가 틀렸던 문제들도 다 맞힐 수 있게 되었

고 전체적으로 오답률이 줄었다." "부모님이 하는 말도 집중해서 듣고 기억할 수 있게 되었다." "해야 할 일을 까먹지 않게 되었다."

책도 대충 읽고 기억력도 약했던 우진이는 책 읽기에 집중하고 기억하는 능력도 크게 향상되었습니다. 역사, 과학, 도덕, 가정 과목의 성적이 올랐을 뿐만 아니라 수학 공식을 잘 외울 수 있게 되어 수학 과목의 성적도 올랐습니다. 그리고 자신이 해야 할 일을 잊지 않고 잘 관리할 수 있게 되었습니다. 질문독서는 공부한 것을 잘 기억할 수 있게 해주고, 기억을 통한 문제 해결력도 갖게 합니다.

제대로 된 공부로
원하는 성과를 만들어내다

고등학교 1학년인 민호는 책을 집중해서 잘 읽지 못했는데, 어려운 책도 잘 읽어 내고 학교 수업도 집중해서 들을 수 있게 되었습니다. 국어 지문도 잘 이해하고 역사와 과학 과목도 잘할 수 있게 되었습니다. 그리고 독서하는 방법으로 공부하는 것이 효율적이라는 것도 알게 되었습니다.

초등학교 6학년 때부터 독서 수업을 한 민호는 책을 많이 읽기는 했지만, 책 한 권을 끝까지 집중해서 읽지 못했습니다. 독서 수업을 하면서 책 읽기는 물론 학교 수업에도 집중할 수 있게 되었습니다.

민호는 중학교 때 독서하는 방법을 활용해 국어뿐만 아니라 과학과 역사 성적까지 향상시켰습니다. 하지만 시험을 치르자마자 곧바로 다음에 치를 시험을 걱정하고는 했습니다. 시험에 대한 지나친 부담감은 조급한 마음을 갖게 하고 공부하는 과정에서 중요한 것을 놓치게 만들기도 하지요.

고등학생이 된 민호는 시험 결과를 걱정하면서도 주요 과목인 국어 공부를 제대로 하지 않았습니다. 1학년 1학기 중간고사때, 국어 시험이 쉽게 출제되었음에도 성적이 하락했습니다.

민호는 중학교 때의 성적에 안주하며, 난이도가 훨씬 높은 고등학교 국어 과목을 가볍게 여긴 것입니다. 그동안 책을 많이 읽었으니 국어는 공부하지 않아도 된다는 마음으로 시험 기간에만 대충 공부한 것이지요. 공부하지 않아도 성적이 그럭저럭 잘 나올 거라는 착각 때문에, 적당히 공부하고도 '열심히' 했다고 생각했습니다.

민호는 '열심히'라는 기준을 새롭게 설정하고, 독서를 통한 학습 방법을 다시 활용해 국어 공부에 시간과 노력을 투자했습니다. 이러한 변화는 곧바로 성적 상승으로 이어졌습니다. 1학기 기말고사에서는 중간고사보다 문제가 어렵게 출제되었는데도 성적이 많이 올랐습니다. 그리고 2학기 때는 점수를 더 높일 수 있었습니다.

중고등학교로 올라가면서 국어 과목은 단순히 독해력만으로는 해결할 수 없는 문제들이 많이 출제됩니다. 교과서에 나온 내용을 정확하게 이해하고, 그 내용을 바탕으로 문제를 풀어야 하기 때문에 제대로 이해할 때까지 공부하는 것이 중요합니다. 특히 고등학교 국어에서는 더욱 철저한 준비가 요구됩니다.

수능 국어 과목의 경우는 독해력이 무엇보다 중요합니다. 처음 보는 복잡한 지문을 분석하고 이해할 수 있어야 합니다. 수능 국어는 평소에 접하기 어려운 지문을 다루기 때문에 독해력을 강화하는 것이 중요한 전략이 됩니다.

중고등학교 국어 과목에서는 독해력과 함께 교과 과정의 요구 사항을 정확히 파악하는 것이 필수적입니다. 독해력이 뛰어나더라도 교과 과정에 대한 이해 없이는 좋은 성적을 기대하기 어렵습니다.

독해력이 부족해 국어 성적이 오르지 않는 경우라면, 책을 집중적으로 읽으면 성적을 올릴 수 있습니다. 하지만 민호는 독해력이 부족해서가 아니라, 제대로 공부하지 않았기 때문에 성적이 나오지 않았던 것입니다. 독서를 통해 교과서를 잘 이해할 수 있는 수준으로 능력이 올라갔는데 정작 교과서를 제대로 읽으려는 노력을 하지 않은 것이지요. 원하는 성적을 얻기 위해서는 적당한 학습만으로는 부족합니다. 목표한 성적을 달성하기 위해선 많은 노력을 기울여야 합니다. 학습의 난이도가 높아질수록 더 집중하며 깊이 있는 학습을 해야 합니다.

민호는 공부 실력의 향상으로 수월하게 성적을 올릴 수 있게 되었습니다. 성적이 흔들렸을 때도 각오를 다지며 시간을 투자하고 공부 방법을 바꾸어 자신이 원하는 대로 어렵지 않게 성적을 올릴 수 있었습니다. 이런 과정을 통해, 독서 방법을 공부에 적용하여 노력하면 원하는 성과를 얻을 수 있다는 것을 확인할 수 있었습니다.

민호 중학교 1학년 때 "질문독서를 하게 되면서 예전에 비해 책 한 권을 끝까지 읽을 수 있는 집중력이 생겼다." "책을 소리 내어 읽을 때도 안 끊기고 제법 잘 읽을 수 있게 되었다." "독서 공부를 안 하다가 이런 수업을 하게 되니 책을 읽을 때뿐만 아니라, 다른 공부를 할 때도 집중력이 많이 향상된 것 같다." "교과서의 본문 암기 및 해석이 수월해졌다."

민호 중학교 2학년 때 "학교 국어 시간에 중심 문장을 만드는 것이 훨씬 쉬워졌고, 문장을 만들어 내는 속도와 정확도가 많이 늘었으며, 문장도 깔끔해진 느낌이 들었다." "역사나 과학을 독서하는 방법으로 공부한 것이 매우 효과적이었다." "소설만 읽는 편독이 있는데 독서 수업에서 가끔 과학이나 경제 등 다양한 분야의 책도 읽어 도움이 되었다." "시사 수업을 준비하면서 다방면의 지식을 얻을 수 있었다."

민호 중학교 3학년 때 "시험 공부할 때 전보다 외우기 수월해지고 속도가 올랐다." "학교 수업도 집중해서 들으려 하고, 수업 시간에 지적 받는 횟수도 감소했다." "중학교 때 국어 성적이 거의 90점 아래로 내려가지 않았다." "학교 국어 시간에 책을 읽을 때 남들보다 두세 배 정도의 양을 읽을 수 있다." "예전보다 국어 지문을 이해하는 게 확연히 쉬워졌다."

민호 고등학교 1학년 때 "공부하는 방법을 알게 되었다. 시험 공부를 할 때 몇 번 노트 정리하고 그걸 그냥 외우기만 했는데, 독서하는 방법으로 바꾸니까 공부하기가 수월해졌다." "독해력이 많이 향상되었고, 다른 친구들이 이해를 잘 못하거나, 시점이 계속 바뀌어서 어렵다고 느끼는 책을 읽을 때도 생각보다 수월하게 읽히는 것을 알 수 있다."

책을 집중해서 읽지 못했던 민호는 책 읽기에도 집중하고 학교 수업에도 집중할 수 있게 되었습니다. 어려운 책도 쉽게 읽고, 교과서 읽기도 수월해졌습니다. 역사와 과학도 잘하고 국어 과목도 제대로 공부하여 성적을 올릴 수 있었습니다. 질문독서는 어려운 책과 교과서도 수월하게 읽을 수 있도록 해주고, 제대로 공부하는 방법도 습득하게 합니다.

암기 과목도
더 이상 어렵지 않다

중학교 3학년인 유빈이는 책을 훑어보듯이 대충 봤는데, 책을 집중해서 꼼꼼하게 읽고 내용도 아주 자세하게 기억할 수 있게 되었습니다. 집중력과 기억력이 눈에 띄게 좋아지면서 암기 과목에 자신감을 갖게 되었고 성적도 올릴 수 있었습니다.

유빈이는 책을 즐겨 읽긴 했지만 대부분 가볍게 읽는 데 그쳤습니다. 하지만 독서 수업을 통해 책을 제대로 읽는 방법을 알게 되었습니다. 주의 깊게 반복해서 꼼꼼하게 읽으며, 내용을 놓치지 않고 자세하게 기억할 수 있게 되었습니다. 이 과정을 통해 집중하고 기억하는 능력이 크게 올랐습니다.

이전에 암기 과목에 대한 자신감이 부족했던 유빈이는 집중력과 기억력이 향상되면서 암기 과목에도 자신감이 생겼습니다. 그 결과 이전보다 훨씬 적은 노력으로 성적이 상승하는 성과를 이루게 되었지요.

책을 좋아하더라도 집중해서 읽는 습관이 부족하면 공부에 한계를 느낄 수밖에 없습니다. 아무리 강점을 가지고 있는 영역이라도 노력하지 않으면 성장할 수 없고, 시간이 걸리더라도 약점이 있는 영역을 향상시키기 위해 노력하면 단단하게 성장할 수 있습니다.

유빈이는 단순히 책 읽기를 좋아해서 독서 수업을 시작했는데 책을 제대로 읽는 방법을 배우게 되면서 자신의 약점을 극복하는 계기를 마련할 수 있었습니다. 그로 인해 자신이 좋아하지 않던 암기 과목의 성적도 올릴 수 있었습니다.

유빈이 중학교 3학년 때 "질문독서를 하면서 책을 집중해서 읽게 되었고, 책을 제대로 읽는 방법을 알게 되었다." "예전에는 책을 훑어보듯이 봐서 놓치는 부분이 많았는데, 지금은 꼼꼼하게, 어떨 때는 두 번씩 읽게 되었다." "집중력이나 기억력이 좋아지는 게 느껴졌다." "책 내용을 구체적으로 말할 수 있게 되었다." "예전에는 기억력이 별로 좋지 않은 편이라 암기해야 하는 과목은 별로 좋아하지 않았는데, 독서를 한 이후로는 기억력이 눈에 띄게 좋아져서 자신감이 생겼고 암기 과목의 성적도 올랐다."

책을 대충 읽고 기억력도 좋지 않았던 유빈이는 책을 제대로 읽을 수 있게 되었고 집중하고 기억하는 능력도 높아졌습니다. 어렵기만 했던 암기 과목에도 자신감이 생겼고 성적도 올랐습니다. 질문독서는 책을 제대로 읽고, 공부도 제대로 잘할 수 있다는 자신감을 갖게 합니다.

목표를 실현할
힘을 갖다

중학교 3학년인 지성이는 책을 잘 이해하지 못하고, 특히 국어 과목을 어려워했는데, 국어는 물론 과학과 역사 등 전 과목에서 A를 받게 되었습니다. 지성이의 부모는 노력에 비해 성적의 향상이 놀랍다고 했으며, 결국 지성이는 원하는 학교에 진학할 수 있게 되었습니다.

초등학교 6학년 때부터 독서 수업을 한 지성이는 책을 읽어도 내용을 잘 이해하지 못하고 국어 과목도 어려워했습니다. 지성이가 독서를 어려워하고 공부하는 데 있어서도 독서가 필수적인 역량임을 인식한 부모님은 독서를 중심으로 한 학습을 지원했습니다.

지성이는 독서 수업에서 주어진 목표를 달성하기 위해 책을 여러 번 읽고 이해하려는 노력을 했습니다. 이러한 노력 덕분에 독서 수준이 향상되면서 공부를 한결 수월하게 할 수 있게 되었습니다.

그렇지만 지성이는 원하는 대학에 입학하기에는 자신의 실력이 다소 부족하다는 생각이 있었습니다. 지성이는 중학교 1학년 때 같은 반에 공부를 잘하는 아이들이 많아 자신이 원하는 등수를 얻기가 어렵다고 했습니다. 서울대학교에 가고 싶지만, 자신의 성적으로는 힘들 것 같다며 다른 대학을 고려해야겠다고 했습니다. 지성이에게는 너무 일찍 꿈을 포기할 이유는 없으며, 진정으로 원한다면 목표를 성취할 수 있다는 격려가 필요했습니다. 또한 독서 수업에서 학교 시험을 볼 때마다 목표를 세우고, 이전보다 더 나은 성적을 목표로 노력을 기울이도록 했습니다.

지성이는 공부에 독서하는 방법을 활용했습니다. 중학교 1학년 1학기 중간고사에서 과학 과목을 독서 방법으로 공부해서 성적이 잘 나왔습니다. 기말고사에서도 독서를 기반으로 공부해 과학 과목에서 좋은 결과가 나왔습니다. 독서 수업에서 읽은 과학 지식책도 도움을 주었습니다. 책을 읽을 때는 내용이 어렵다고 했지만 학과 공부에 도움이 되었습니다.

그런데 초등학교 때부터 다른 과목에 비해 국어를 어려워했던 지성이는 기말고사를 치르고 나서 국어 공부 방법에 대한 막막함을 토로했습니다. 국어 문제를 제대로 이해하는 데 어려움

을 겪었기 때문입니다. 그래서 과학과 마찬가지로 국어 공부에
도 독서 방법을 적용하며, 이전과는 다른 접근 방식을 시도했습
니다.

지성이는 좌뇌 중심적 사고를 하며, 자신의 의견을 강하게
주장하는 경향이 있습니다. 국어 문제를 풀 때는 문제가 요구하
는 바에 따라 답을 해야 하는데, 그보다는 자신의 생각이나 논
리를 우선시하는 바람에 종종 문제의 의도에서 벗어난 답을 하
게 되는 것이지요. 국어는 자신의 주관적인 생각으로 답을 내는
것이 아니라 문제의 의도에 따라 답을 찾아내려는 노력이 중요
합니다.

지성이는 독서 방법을 활용해 국어 공부에 임하고, 교과서의
학습 목표를 명확히 이해하며, 문제가 출제된 의도를 파악하기
위해 노력했습니다. 자신의 생각대로가 아니라 지문에서 답을
찾아내는 연습을 한 결과, 1학년 2학기 중간고사에서 국어 성적
이 향상되었습니다.

기말고사는 객관식으로만 문제가 출제되는데, 지성이는 서
술형 문제가 자신에게 유리하다고 했습니다. 객관식 문제는 비
슷한 예시 문항이 많아 정답을 고르기 어렵다고 생각했습니다.
그럼에도 독서 방법을 활용한 공부 덕분에 2학기 기말고사에서

도 국어 성적이 올랐습니다.

2학년 1학기 중간고사 때는 문법 문제가 대거 출제되었고 많은 아이들이 어려워했지만, 지성이는 문법 문제를 수월하게 풀며 국어 성적을 올렸습니다. 기말고사에서도 국어 과목에서 좋은 성적을 거두었습니다.

2학년 2학기 중간고사에서는 국어 객관식 문제를 잘 풀었고, 주관식 문제에서 점수가 조금 깎이기는 했지만 전반적으로 성적이 향상되었습니다. 지성이는 여전히 국어 과목이 어렵다고 생각했지만, 기말고사 때 가장 높은 국어 성적을 받을 수 있었습니다. 이를 통해 지성이는 가장 어려워하던 국어 과목에 자신감을 갖게 되었습니다.

과학 과목은 중학교 1학년 1학기에 독서를 통한 학습 방법으로 좋은 성적을 얻은 데 이어, 2학기 때도 독서 방법으로 공부하며 만족스러운 성적을 얻었습니다. 2학년이 되어서는 시험 난이도가 높아져 점수가 조금 떨어질 때도 있었지만, 여전히 우수한 성적을 유지했습니다. 더욱이 2학년 때는 국어와 과학뿐만 아니라 역사 과목도 독서 방법으로 공부하며 성적을 향상시켰습니다.

중학교 1학년 때까지 전 과목 A를 받은 적이 없었던 지성이는 2학년이 되면서 국어뿐만 아니라 다른 과목들도 더욱 열심히 매진해 처음으로 전 과목 A를 달성하게 되었습니다. 3학년이 되어서도 더욱 단단해진 공부 실력으로 성과를 이어갔습니다.

지성이는 초등학교 6학년 때 수학은 스스로 공부하고, 영어는 읽기를 중심으로 한 부담 없는 학원을 다녔습니다. 중학교 1학년이 되면서는 영어를 좀 더 집중적으로 공부할 수 있는 학원을 다니기 시작했고, 수학은 스스로 공부하다가 2학년부터는 학원을 다니기 시작했습니다. 2학년 때 영어와 수학 학원을 화요일과 목요일에 다니며, 다른 요일에는 스스로 공부하는 시간을 가졌습니다. 지성이는 자기 주도적 학습 능력을 가지고 있어 학원에만 의존하지 않고 자신만의 공부 방법을 꾸준히 유지할 수 있었지요.

대학 진학을 위해 특목고 진학을 고려하기도 했지만, 최종적으로 일반고를 선택한 지성이는 자신이 바라던 서울대학교에 합격했습니다. 지성이는 독서를 통한 방법이 공부에 도움을 주었다는 것을 돌이켜보며 알 수 있었습니다.

지성이는 독서 수준이 올라가면서 공부 실력이 크게 향상되었습니다. 성적이 부족해 목표한 대학에 대한 꿈을 일찌감치 접을 마음을 갖기도 했지만, 공부 실력의 향상으로 전 과목 성적을 올릴 수 있게 되면서 자신이 원하는 학교에 진학하겠다는 목표를 굳건히 할 수 있었습니다.

지성이 중학교 3학년 때 "질문독서를 하면서 책을 읽을 때 좀 더 꼼꼼하게 읽는 습관이 생겼다." "영어 원서를 읽을 때도 더 꼼꼼하고 깊이 있게 읽게 되었다." "책을 읽을 때 인물들과 사건들에 대해 깊이 생각하는 힘이 길러졌다." "전체적인 흐름을 파악하는 능력도 길러졌다." "단기기억, 장기기억 할 것 없이 기억력이 전체적으로 좋아졌다." "기억력이 좋아져서 과학이나 역사 같은 과목도 공부가 잘 된다." "과학 지식 책을 읽을 때는 어려웠는데, 공부에 도움이 되었다." "독서하는 방법으로 교과 공부를 한 것이 시험 보는 데 도움이 많이 되었다." "국어가 어려웠는데 공부 방법을 바꾸고 나서 성적이 올랐다." "과학이나 역사도 독서 방법으로 공부해서 성적이 잘 나온다." "중학교 2학년이 되어 처음으로 전 과목에서 A를 받았다."

지성이 부모님 소감 "그동안 지성이가 공부를 그렇게 잘한다고는 생각하지 않았는데, 생각보다 공부를 잘한다." "힘들게 공부하는 것 같지 않은데, 공부한 것에 비해 성적이 잘 나와서 오히려 걱정이다." "자칫 노력을 덜 하게 될까 봐 걱정이 된다." "독서 수업에서 읽은 책들을

고등학교 수행에도 잘 활용할 수 있었고, 질문독서가 공부를 잘하도록
하는 데 도움이 되었다."

책을 읽고 이해하는 힘도 부족하고 국어도 어려워했던 지성
이는 책을 집중해서 읽으며 이해할 수 있게 되었고, 국어는 물
론 과학과 역사를 비롯한 전 과목 성적이 향상되었습니다. 지성
이는 자신이 원하는 목표를 실현할 수 있는 힘을 갖게 되었습
니다. 질문독서는 지금의 능력보다 더 높은 곳으로 나아가게 합
니다.

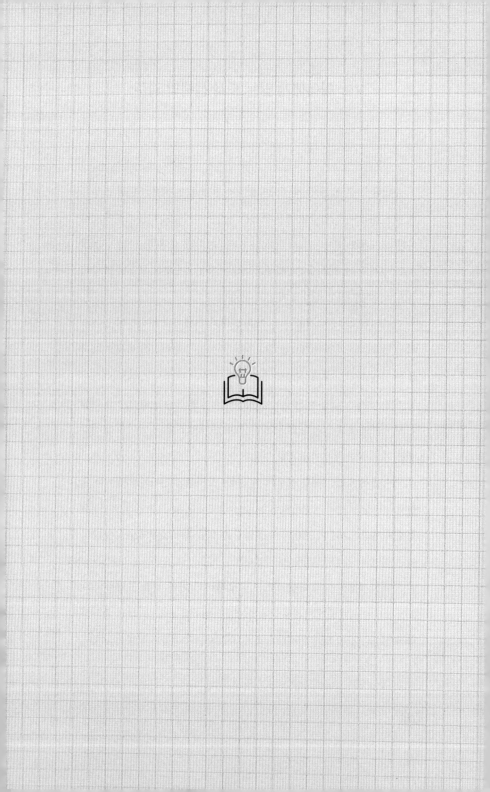

부록 1 아이에게 맞는 도서 선택의 기준

　수많은 좋은 책들 중에서 아이들에게 정말 좋은 책은, '지금' 집중하며 읽을 수 있는 책입니다. 좋은 책이긴 하지만 아이들이 지금 읽기에 적절하지 않은 책도 있습니다. 나중에 읽게 된다면 더욱 좋은 책이 될 수 있겠지요. 현재 독서 수준에서 공감하기 어려운 책을 시도하면 지금도 읽기 힘들고 나중에도 읽고 싶지 않게 될 수 있습니다.

　아이에게 잘 맞는 정말 좋은 책을 만나기 위해서는 아이들이 스스로 책을 선택하는 과정이 필요합니다. 물론 아이들이 재미있어 한다고 해서 좋은 책은 아닙니다. 도서관이나 서점에 있는 모든 책이 선택의 대상이 될 수는 없지요. 양질의 도서 중에서 선택의 폭을 넓혀야 합니다. 신뢰할 만한 단체에서 추천하는 많은 좋은 책들 중에서도 우리 아이에게 정말 좋은 책은 극히 일부에 불과할 수도 있습니다.

　아이에게 적합한 책을 고르기 위해서는 도서를 추천하는 기관이나 출판사의 권장 학년에 국한하지 않는 것이 좋습니다. 낮은 학년의 도서부터 현재 학년의 도서까지 선택의 폭을 넓힐 수 있습니다. 아이의 관심에 따라 높은 학년의 도서도 포함할 수 있겠지요.

　초등학생부터 고등학생까지 모두가 좋아할 만한 책들도 있습니다. 초등학생이 이해하기 어려운 내용일지라도 재미를 느낄 수 있고, 중고등학생은 보다 깊이 있게 이해함으로써 낮은 학년이나 높은 학년이나 함께 즐길 수도 있습니다.

책을 단순히 보는 것이 아니라 깊이 읽는 것에 중점을 두면 쉬운 책은 없습니다. 겉으로 쉬워 보이는 책도 가볍게 여기지 않는 것이 책 읽기의 집중력을 높이는 방법입니다.

집중력을 높이는 데는 지식 서적보다 소설이 더 도움이 됩니다. 지식 서적은 다양한 정보를 제공하지만 단편적인 구성으로 처음부터 끝까지 집중해서 읽기 어렵습니다. 소설을 몰입해서 읽는 힘이 생기면 지식 서적도 소설처럼 집중해서 읽을 수 있습니다.

책을 구입하기 전에 미리 읽어 보는 것도 방법입니다. 읽어 보고 재미있으면 구입해서 또 읽습니다. 흥미로운 책이라면 구입 후 다시 읽게 될 가능성이 높습니다.

아이들이 자신에게 맞는 책을 선택하는 과정에서 좋아하는 작가를 발견하는 즐거움을 경험할 수도 있습니다. 자신의 선택으로 재미를 찾은 만큼 책에 대한 소중한 마음도 생깁니다.

아이들이 책에 집중하는 능력을 키워 편안하게 공부할 수 있기를 바랍니다. 학원을 줄이고, 그 시간에 책을 읽으며 미래에 필요한 능력을 키워 가길 바랍니다.

질문독서에 적합한 도서 베스트 20

많은 아이들이 질문독서에서 공감하며 재미있게 읽은 책을 분야 및 소재별로 엄선해서 소개합니다. 문학·비문학을 대표하는 작가의 작품 위주로 선정했습니다. 책을 읽기에 적절한 학년을 추가하기는 했으나 아이의 관심에 따라 추천 학년을 넘나들며 읽어 보길 권합니다. 도서 목록에 소개한 책들의 작가가 쓴 다른 작품들 중에도 아이들이 집중하여 읽을 수 있는 책들이 많으니, 좋아하는 작가를 발견하고 그 작가의 다른 책들도 연결해서 읽어 보길 바랍니다.

그림책 * 옛이야기책

《치과 의사 드소토 선생님》 윌리엄 스타이그, 비룡소 *초등 저학년이 추천하는 책
《내 친구 커트니》 존 버닝햄, 비룡소 *초등 저학년이 추천하는 책
《신통방통 도깨비》 서정오, 보리 *초등학생이 추천하는 책
《삼백이의 칠일장》 천효정, 문학동네 *초등 저학년이 추천하는 책

모험 * 미래

《에밀은 사고뭉치》 아스트리드 린드그렌, 논장 *초등학생이 추천하는 책
《마틸다》 로알드 달, 시공주니어 *초등 고학년이 추천하는 책
《기억 전달자》 로이스 로리, 비룡소 *중학생이 추천하는 책
《모모》 미하엘 엔데, 비룡소 *중학생이 추천하는 책

학교＊가족

《프린들 주세요》앤드루 클레먼츠, 사계절 *초등 고학년이 추천하는 책

《트루먼 스쿨 악플 사건》도리 힐레스타드 버틀러, 미래인 *중학생이 추천하는 책

《오이대왕》크리스티네 뇌스틀링거, 사계절 *중학생이 추천하는 책

《리버보이》팀 보울러, 다산책방 *중학생이 추천하는 책

환경＊역사

《최후의 늑대》멜빈 버지스, 만만한책방 *초등 고학년이 추천하는 책

《달려라, 모터사이클》벤 마이켈슨, 양철북 *중학생이 추천하는 책

《바람의 아이》한석청, 푸른책들 * 초등 고학년이 추천하는 책

《빵과 장미》캐서린 패터슨, 문학동네 *중학생이 추천하는 책

고전＊과학

《15소년 표류기》쥘 베른, 열림원 *중고등학생이 추천하는 책

《앵무새 죽이기》하퍼 리, 열린책들 *고등학생이 추천하는 책

《떨림과 울림》김상욱, 동아시아 *중고등학생이 추천하는 책

《파인만 씨, 농담도 잘하시네!》리처드 파인만, 사이언스북스 *고등학생이 추천하는 책

사례 1 깊이 생각하는 법을 배우다

고등학교 1학년 박은지

1. 질문독서를 시작하며 가졌던 기대는 무엇인가요?

저는 책 읽기를 좋아하고, 책을 읽고 친구들과 이야기를 많이 나누고 싶었어요. 내가 좋아하는 분야의 책뿐만이 아니라 다양한 분야의 책들을 읽고 싶었고, 생각을 명확하고 이해하기 쉽게 전달하는 방법을 배우고 싶었어요. 부모님은 제가 창의적으로 생각하고, 다양한 분야의 책을 읽으며 깊이 있는 사고를 하기를 바라셨어요.

2. 기대했던 것에 비해 어떤 성과를 얻었나요?

독서 수업은 기대했던 것보다 더 큰 성과가 있었어요. 처음에 책을 읽고 느낀 생각을 친구들과 이야기 나누는 정도로만 생각했는데, 생각과 달라서 새로웠어요. 수업하면서 책을 읽는 속도가 향상되었고, 집중력과 기억력도 올라갔고, 깊게 생각하는 방법도 알게 되어 신기했어요. 무엇보다 책에 대해 깊이 사고하는 능력과 내 생각을 정리하는 능력이 높아진 것 같아요.

3. 기대에 미치지 못한 점은 무엇인가요?

책을 읽고 말하는 것은 처음에 말고는 크게 어려움이 없었지만, 짧은 문장을 듣고 기억하는 활동이 어려웠어요. 내가 짧은 시간 안에 바로 집중하는 것이 어렵기 때문이라고 생각하고 집중하려는 노력을 했어요.

4. 기대하지 않았지만 효과를 본 것은 무엇인가요?

기억력이 좋아진 점이에요. 기억력을 높이는 것이 어렵기는 했지만, 계속 집중하며 연습하니까 처음 시작할 때보다 높아졌어요.

5. 독서 수업에서 재미있었던 것은 무엇인가요?

독후감을 쓰는 활동이 가장 재미있었어요. 읽은 책에 대해 질문하고 답하고 반론하며 깊이 있게 생각하고, 나의 생각을 글로 표현하는 과정이 즐거웠어요.

6. 독서 수업에서 어려웠던 것과 계속한 이유는 무엇인가요?

수학이나 과학에 관한 어려운 책을 읽는 것이 조금 힘들었어요. 하지만 책이 대부분 재미있고, 독서 수업의 중요성도 알고 있어서 계속 공부했죠.

7. 독서 수업을 하면서 가장 중요하게 생각한 것은 무엇인가요?

책을 완독하는 것이었어요. 책을 읽어야만 깊이 있는 생각을 할 수 있기 때문이죠.

8. 화상으로 진행된 수업은 어땠나요?

이동하지 않고 집에서 바로 수업에 참여할 수 있다는 점이 좋았어요. 하지만 수업이 더 길게 느껴질 때도 있었어요.

9. 독서 수업이 앞으로 어떤 도움이 될 것이라 생각하나요?

정말 큰 도움이 될 것 같아요. 나의 생각을 글로 표현하는 능력, 어려운 책도 중도에 포기하지 않고 집중하여 읽는 능력, 핵심을 찾아내는 능력이 앞으로 공부하는 데도 도움이 될 것 같아요.

다양한 주제에 대해 깊이 생각하고, 친구들에게 설명하고 토론한 경험은 앞으로 사회에 나가 여러 사람 앞에서 발표할 때도 큰 도움이 될 것 같아요. 정말 고마운 수업이에요.

사례 2 나에게 맞는 공부 방법을 찾다

중학교 3학년 최민정

1. 질문독서를 시작하며 가졌던 기대는 무엇인가요?

저는 처음에 책을 잘 읽는 것을 기대했고, 시간이 지나며 글이나 지문을 빠르고 정확하게 읽고, 자세히 기억하는 능력을 기대하게 되었어요. 부모님은 제가 책을 꼼꼼히 읽는 것을 바라셨어요.

2. 기대했던 것에 비해 어떤 성과를 얻었나요?

책을 집중해서 읽고 내용을 자세히 기억하는 능력을 키울 수 있었어요. 특히 국어와 영어에서는 지문을 더욱 빠르고 정확하게 읽을 수 있었고, 역사는 반복적으로 읽으면서 점차 상세히 기억하게 되었죠.

3. 기대에 미치지 못한 점은 무엇인가요?

스스로 공부할 때 계획을 짜서 그대로 하고 싶었으나 잘 되지 않을 때가 있었어요. 나를 잘 알지 못했기 때문이라고 생각하고 방법을 바꾸려는 노력을 했어요.

4. 기대하지 않았지만 효과를 본 것은 무엇인가요?

나에게 맞는 공부법을 찾을 수 있었어요. 과목별로 조금씩 시간을 정해 두고 매일 공부하는 방법을 시도하기도 하고, 하루에 한 두 과목을 집중해서 공부하는 전략으로 바꾸기도 했어요. 다양한 방법을 시도해 보고 안 되면 또 새로운 방법을 시도해 보며 나에게 가장 잘 맞는 방법을 찾아갈 수 있었다고 생각해요.

5. 독서 수업에서 재미있었던 것은 무엇인가요?

토론 수업이 재미있었어요. 내가 사회를 맡기도 하고 친구들이 사회를 맡기도 했는데, 다른 친구들이 진행할 때 좀 더 여유가 있어서 좋았어요.

6. 독서 수업에서 어려웠던 것과 계속한 이유는 무엇인가요?

독서 수업 책이 재미있는데 가끔씩 관심 없는 분야의 책도 읽어야 하는 것이 힘들었어요. 하지만 앞으로 접하게 될 글이나 지문들이 내가 관심 있는 분야만 나오는 것도 아닐 뿐더러, 독서 수업이 아니라면 관심 없는 분야의 책들은 아예 안 읽게 될 거 같아서 계속하게 되었어요.

7. 독서 수업을 하면서 가장 중요하게 생각한 것은 무엇인가요?

책을 일주일에 한 권씩 꾸준히 읽는 것을 중요하게 생각했어요.

8. 화상으로 진행된 수업은 어땠나요?

이동하는 시간이 없어서 독서 수업 준비를 좀 더 느긋하게 해도 된다는 점이 좋았어요. 그렇지만 인터넷 연결 상태가 좋지 않을 때 화면이 자꾸 끊기고, 여러 사람이 동시에 말할 때 소리가 뭉쳐서 잘 들리지 않는 점이 힘들었고, 계속 화면을 봐야 하니 집중하는 데 힘이 더 많이 들었어요.

9. 독서 수업이 앞으로 어떤 도움이 될 것이라 생각하나요?

배경 지식을 넓히고, 생각하는 힘을 기른 것이 사회생활을 할 때에도 도움이 될 것이라고 생각해요.

사례 3 토론하며 소통하는 법을 익히다

고등학교 1학년 김현민

1. 질문독서를 시작하며 가졌던 기대는 무엇인가요?

저와 부모님 모두 책을 다양하게 지속적으로 읽는 것을 기대했어요.

2. 기대했던 것에 비해 어떤 성과를 얻었나요?

독서 수업을 하면서 많은 책을 읽었고, 다른 친구들보다 정독과 속독을 수월하게 할 수 있게 되었어요.

3. 기대에 미치지 못한 점은 무엇인가요?

책을 읽을 시간이 부족해서 편독을 개선하는 데 어려움이 있기도 했지만, 과학과 철학 등 다양한 책을 읽게 되면서 독서의 폭을 넓힐 수 있었어요.

4. 기대하지 않았지만 효과를 본 것은 무엇인가요?

교과서를 읽고 기억하고 이해하는 능력이 향상되어 공부에 많은 도움이 되었어요.

5. 독서 수업에서 재미있었던 것은 무엇인가요?

책에 대해서 이야기하고 토론하는 활동들이 모두 재미있었어요.

6. 독서 수업에서 어려웠던 것과 계속한 이유는 무엇인가요?

공부해야 하는 양이 많아지면서 책을 읽거나 수업에 참여하는 것이 힘들었으나, 독서가 중요하다고 생각했고 고등학교 2학년 때까지는 할 수 있을 것 같아 계속 수업에 참여했어요.

7. 독서 수업을 하면서 가장 중요하게 생각한 것은 무엇인가요?

책을 잘 읽는 것이 가장 중요하다고 생각해요.

8. 화상으로 진행된 수업은 어땠나요?

나쁘지 않았어요. 그런데 대면 수업이 더 낫긴 해요.

9. 독서 수업이 앞으로 어떤 도움이 될 것이라 생각하나요?

책을 읽고 친구들과 이야기하고 토론하는 것 이외에도 사람들과 대화하는 법을 익힌 시간 같아요. 사회에 나가서도 사람들과 의사소통하는 능력은 참 많은 도움이 될 것 같아요.

사례 4 논리적으로 쓰고 말하다

중학교 3학년 이동엽

1. 질문독서를 시작하며 가졌던 기대는 무엇인가요?

저는 글쓰기와 말하기 능력이 나아지기를 바랐어요. 부모님 역시 제가 글을 쓰고 말로 표현하는 것이 부족하다고 생각하셨기 때문에 이 부분이 나아지기를 바라셨죠. 또한 제가 책을 싫어하고 읽지도 않았기 때문에 책에 흥미를 갖고 읽기를 바라셨어요.

2. 기대했던 것에 비해 어떤 성과를 얻었나요?

글을 쓰거나 말로 표현하는 것이 서툴렀는데, 글쓰기와 말하기 능력이 나아졌어요. 책 읽기에 대한 흥미도 생겼고 책도 빠르게 읽을 수 있게 되었어요.

3. 기대에 미치지 못한 점은 무엇인가요?

책을 읽으면서 새로운 단어를 많이 알게 되었고, 수행평가에서도 모르는 단어가 거의 없는데 좀 더 많이 알고 싶어요. 책을 여러 번 반복해서 읽으려는 노력을 해야 할 것 같아요.

4. 기대하지 않았지만 효과를 본 것은 무엇인가요?

의자에 오래 앉아 있는 것이 힘들었는데, 독서 수업을 하면서 의자에 계속 앉아 있어도 힘들지 않았어요.

5. 독서 수업에서 재미있었던 것은 무엇인가요?

책의 내용을 요약하고, 질문을 만드는 활동이 재미있었어요. 시사 수업도 재미있었어요. 우리 사회에 어떤 일들이 일어나고 있는지 알 수 있고 흥미로웠어요.

6. 독서 수업에서 어려웠던 것과 계속한 이유는 무엇인가요?

내용이 어렵거나 분량이 많은 책은 기억하기가 힘들었어요. 발표할 때나 질문을 만들 때 어려웠어요. 하지만 쉽고 재미있는 책도 읽고, 글쓰기와 말하기 실력이 좋아졌기 때문에 계속하고 싶었어요.

7. 독서 수업을 하면서 가장 중요하게 생각한 것은 무엇인가요?

책의 내용을 기억하고, 궁금한 점에 대해 질문하고 답하는 과정이 중요하다고 생각했어요.

8. 화상으로 진행된 수업은 어땠나요?

집에서 수업을 하니 지각할 일이 없어 좋았고, 패들렛을 활용해 수업한 것도 좋았다고 생각해요. 하지만 집에서 수업을 하다 보니 졸리거나 딴생각이 든 적도 있었어요.

9. 독서 수업이 앞으로 어떤 도움이 될 것이라 생각하나요?

글로 쓰고 말로 표현하는 능력은 앞으로도 도움이 될 거라고 생각해요. 대학교 가서 과제나 리포트를 쓸 때 잘 쓸 수 있을 것 같고, 사회 생활을 하게 되면 글쓰기와 말하기 능력이 특히 도움이 될 것 같아요.

성적의 차이를 만드는
질문독서법

1판 1쇄 | 2025년 3월 14일

지은이 | 권경옥
펴낸이 | 박상란
펴낸곳 | 피톤치드

디자인 | 김다은 교정 | 양지애
경영·마케팅 | 박병기
출판등록 | 제387-2013-000029호
등록번호 | 130-92-85998
주소 | 경기도 부천시 길주로 262 이안더클래식 133호
전화 | 070-7362-3488
팩스 | 0303-3449-0319
이메일 | phytonbook@naver.com

ISBN | 979-11-92549-41-5(03370)